「主体的・対話的で深い学び」を実現する

知識構成型ジグソー法による数学授業

東京大学 CoREF
飯窪真也・齊藤萌木・白水 始 編著

明治図書

はじめに：何のための「知識構成型ジグソー法」か

　本書『「主体的・対話的で深い学び」を実現する　知識構成型ジグソー法による数学授業』は，「知識構成型ジグソー法」というひとつの授業手法（私たちは授業の「型」という言葉を使っている）を用いて，対話を通じて一人ひとりが自分なりに考えを見直し，理解を深めていくような学び（＝協調学習）を引き起こす授業づくりについてまとめたものである。

　私たち東京大学　大学発教育支援コンソーシアム推進機構（以下 CoREF）は，「人はいかに学ぶか」を研究する認知科学・学習科学という分野の研究をバックグラウンドに，平成20年度から全国の小中高等学校と連携して，この「知識構成型ジグソー法」というひとつの授業の型を使って協調学習を引き起こす授業づくりの研究を行ってきた。

　私たちの研究連携は小中高等学校すべての教科にわたるものだが，今回は明治図書さんのリクエストもあって中学校の数学科での実践に焦点を絞った形で本を作らせていただいた。

　本書を手に取ってくださる多くの先生方のご関心に即して言えば，協調学習を引き起こす授業づくりというのは，次期学習指導要領の改訂に向けて関心が高まっている主体的・対話的で深い学びを一人ひとりにいかに実現するかという授業改善の視点とほとんど重なっていると考えていただいてよい。

　また，数学科においては，課題解決学習や探究的な学びという形で，こうした学びはもっとずっと前から追究されてきたものであるだろう。

　「知識構成型ジグソー法」を使った私たちの試みのユニークな点は，一人ひとりの生徒すべてが主体的に学びに参加しやすい形を徹底的に追究している点であると言える。この型の特徴は，「一人では十分な答えが出ない本時の課題」に対して，一緒に問題解決するメンバーの「一人ひとりが違う視点や考え方を持っていることが明示的になっている」という場を人為的に設け

てあげることで，すべての子どもが（少なくともそうでないときと比べて）「自分の考えを相手に伝えたい」「相手の考えを聞きたい」「一緒に考えると一人で考えるよりよい答えがつくれそう」と思える状況をつくってあげるところにある。

　また，グループ学習の形態をとっているが，「グループで答えが出たか」や「『生徒たち』の中からよいひらめきが出てきたか」よりも，Ａ君もＢ君もＣさんも，本時の課題について授業の最初に自分で表現できた考えより，授業の最後の最後に自分で表現できるようになった考えの方がよりよくなったと言えるかどうかを大事にしたい，というのもユニークな点だろうか。

　本書の構成について述べる。本書では，まず第１章で次期学習指導要領の改訂に向けて求められている学びがどんなものか，授業改善がどんなものかを整理し，続く第２章で「知識構成型ジグソー法」とはどのような授業手法で，なぜ今求められている学びの実現に効果的だと考えられるのか，背景にある学習の考え方を解説する。ここまでが本書の導入編である。

　続く第３章が本書で一番力を入れている部分であり，中学校数学科の６名の先生方の異なる事例から「知識構成型ジグソー法」の活用例を生徒の実際の学びの様子を交えて示すとともに，実践に取り組んでくださっている先生方からの授業づくりのヒントなども掲載している。読まれているうちに，ご自分でも試してみたくなっていただけるのではないかと思う。

　最後の第４章では，実際に取り組んでみたくなった先生方，あるいは「試してみているんだけど，これでいいのかな？」という先生方向けに，私たちがよくいただく実践についてのご質問をＱ＆Ａの形でまとめている。是非，まずはご自分で試してみていただきたい，そこからまた考えていただきたい，というのが私たちの願いである。

　最後になるが，本書をお手に取っていただいたみなさま，ご多忙の中ご協力くださった実践者の先生方，出版の労をとってくださった明治図書さんに感謝を申し上げたい。

平成29年１月吉日

contents

はじめに：何のための「知識構成型ジグソー法」か

第1章
「知識構成型ジグソー法」で何が実現できるとよいか

1 次期学習指導要領における「アクティブ・ラーニング」の位置づけ……8

2 数学の「何ができるようになるか」と「何を学ぶか」……10

3 「知識構成型ジグソー法」で実現したいこと……13

第2章
「知識構成型ジグソー法」の授業づくり

1 「知識構成型ジグソー法」のステップ

1　「知識構成型ジグソー法」の前提となる考え方……16
2　ステップ1：課題について各自が自分で考えを持つ……19
3　ステップ2：エキスパート活動……20
4　ステップ3：ジグソー活動……21
5　ステップ4：クロストーク……22
6　ステップ5：課題について，最後にもう一度自分で答えを出す……23

2 型の背景にある学びの原理

1 「知識構成型ジグソー法」の型が支えているもの……24
2 「知識構成型ジグソー法」で引き起こしたい「協調学習」……25
3 協調学習が起きやすい学習環境の条件……26
4 グループ学習でこうした条件は満たされるか……28
5 「知識構成型ジグソー法」を原理的に説明すると……29

3 授業づくりの視点

1 型が支えるものと個々の授業者に拠るもの……32
2 授業づくりのポイント1:問いの設定……32
3 授業づくりのポイント2:単元の流れにおける本時の位置づけ……33
4 実践例の活用……34
5 授業案の書式……35

第3章
「知識構成型ジグソー法」の実践例

実践例について……38

1年 文字と式
実践例1 文字式の意味を読み解こう……40

1年 資料の散らばりと代表値
実践例2 身近なデータを数学的に整理・分析しよう……58

2年　連立方程式
実践例3　3元1次方程式の文章問題にチャレンジしよう……72

2年　図形の調べ方
実践例4　三角形の合同条件を自分の言葉で納得しよう……89

3年　平方根
実践例5　平方根の考え方を図形問題に活用してみよう……110

3年　相似な図形
実践例6　相似や面積比の考え方を使いこなそう……127

第4章
授業づくりのポイント
―Q&A―

Q&A について……146

Q1　授業づくり，どこから手をつけるのがよいか？……147

Q2　適した課題やエキスパートの設定の仕方は？……149

Q3　エキスパートの学習内容や活動はどうあるべきか？……152

Q4　授業中における教師の役割は？……156

Q5　グルーピングのポイントは？……160

Q6　教科学力の定着の面での不安はないか？……162

Q7　授業をやってみたあと，どんな視点で振り返ればよいか？……164

おわりに：「教師」という新しい職業

第1章
「知識構成型ジグソー法」で何が実現できるとよいか

1 次期学習指導要領における「アクティブ・ラーニング」の位置づけ

　次期学習指導要領が，中学校では平成33年度から全面実施予定である。そこでは，「アクティブ・ラーニングが全教科に導入される」など，学習方法に大きな関心が寄せられがちだが，次の囲いに見るように「どのように学ぶか」という学び方は，全体のあくまで一項目（囲いのⅲ）に位置づけられている。つまり，今回の改訂は，単に新しい学び方を導入しようというよりも，いかなる学び方であれ，それが「何を目指して，どのような内容をどう学ぶことで，どのような成果を身につけさせようとしているのか」という「目標－方法（実践）－評価」の一体的なサイクルを学校や先生方に求めている点に主眼がある。

次期学習指導要領　総則の構造

ⅰ）「何ができるようになるか」（育成を目指す資質・能力）
ⅱ）「何を学ぶか」（教科等を学ぶ意義等を踏まえた教育課程の編成）
ⅲ）「どのように学ぶか」（指導計画の作成と実施，学習・指導の改善・充実）
ⅳ）「子供一人一人の発達をどのように支援するか」（発達を踏まえた指導）
ⅴ）「何が身に付いたか」（学習評価の充実）
ⅵ）「実施するために何が必要か」（学習指導要領等の理念実現のための方策）

（「次期学習指導要領等に向けたこれまでの審議のまとめについて（報告）」平成28年8月26日　一部編集：以降も本章囲いは「審議のまとめ」から引用）

「アクティブ・ラーニング」も，改訂をめぐる議論の中で徐々に位置づけを変えている。平成26年11月の諮問の段階では，「課題の発見と解決に向けて主体的・協働的に学ぶ学習（いわゆる『アクティブ・ラーニング』）」という形で，学習方法（形態）と対応づけられていた。しかし，平成27年8月の論点整理の段階以降は一貫して「アクティブ・ラーニングの視点に立った不断の授業改善」等と，「授業改善の視点」として位置づけられるようになった。その具体的な内容は，審議のまとめによると，次の通りである。

①学ぶことに興味や関心を持ち，自己のキャリア形成の方向性と関連付けながら，見通しを持って粘り強く取り組み，自己の学習活動を振り返って次につなげる「主体的な学び」が実現できているか。
②子供同士の協働，教職員や地域の人との対話，先哲の考え方を手掛かりに考えること等を通じ，自己の考えを広げ深める「対話的な学び」が実現できているか。
③各教科等で習得した概念や考え方を活用した「見方・考え方」を働かせ，問いを見いだして解決したり，自己の考えを形成し表したり，思いを基に構想，創造したりすることに向かう「深い学び」が実現できているか。

　「主体的・対話的」は分かりやすいが，問題となるのは，「深い学び」だろう。それを考えるため，数学で「何ができるようになるか」を目指して，「何を学ぶ」ことになっているのかを検討してみよう。

2 数学の「何ができるようになるか」と「何を学ぶか」

　数学において目指す資質・能力とは何だろうか。今回の改訂では，あらゆる教科等において，次の三つの柱で資質・能力を考えることが提言されており，数学の学習目標もこの柱で整理されることになる。

> ①生きて働く「知識・技能」の習得
> ②未知の状況にも対応できる「思考力・判断力・表現力等」の育成
> ③学びを人生や社会に生かそうとする「学びに向かう力・人間性等」の涵養

　注目すべきは，習得すべき「知識・技能」が「生きて働く」ものと表現されていることだろう。とかく現場では「知識・技能」をいったん習得してから，思考力等でその知識・技能を活用するものと考えられがちだったが，そうではなく，習得される「知識・技能」自体を活用可能性の高いものにしよう，ということである。だからこそ，「思考力・判断力・表現力等」も既知の状況について知識を活用して問題を解決するだけではなく，もう一段高度な「未知の状況」への対応が求められている。

　以上をまとめたのが，図1である。中心の「『確かな学力』『健やかな体』『豊かな心』を総合的にとらえて構造化」という箇所にあるように，体育や道徳においても「考える」ことが重視されたり，数学においてもそれが「どのように社会・世界と関わり，よりよい人生を送る」ことにかかわるかが問われたりすることとなる。民主的な社会の担い手を数学から育てるといった目標は，それにフィットするものになるだろう。

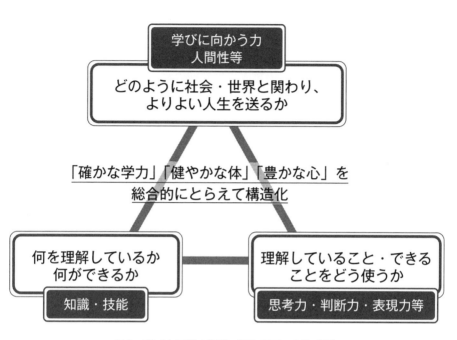

図1　育成を目指す資質・能力の三つの柱（案）

　それでは，目標となる資質・能力（「何ができるようになるか」）に対して，数学の教科内容（「何を学ぶか」）はどのように関係するのだろうか。一見すると，態度として「何かができる」ようになればよいのであれば，数学の教科内容など関係なしに，生徒に無理難題を与えてグループにして解かせているだけで「粘り強さ」が養われる，といった教育があってもよさそうに思えるかもしれない。しかし，審議のまとめには次のような一節がある。数学の内容を学ぶために資質・能力が使われ，その経験を通して数学の内容の学習成果自体が資質・能力の一部となっていくことが期待されていると読める。

> 様々な資質・能力は，教科等の学習から離れて単独に育成されるものではなく，関連が深い教科等の内容事項と関連付けながら育まれるものであることや，資質・能力の育成には知識の質や量が重要であり，教科等の学習内容が資質・能力の育成を支えていることが明らかになってきている。

こうして学ばれた教科等の内容が子どもの「見方・考え方」となり，それがまた学習を深め，資質・能力の育成を助ける。それが次の囲いである。数学における見方・考え方と並べて記そう。1節で問いかけた「深い学び」とは，この見方・考え方が自然に働くような学びであり，学びを通じて見方・考え方がより豊かになるようなものだと言える。

> 「見方・考え方」は，新しい知識・技能を既に持っている知識・技能と結びつけながら深く理解し，社会の中で生きて働くものとして習得したり，思考力・判断力・表現力を豊かなものとしたり，社会や世界にどのように関わるかの視座を形成したりするために重要なものである。「見方・考え方」を働かせた学びを通じて，資質・能力が育まれ，それによって「見方・考え方」が更に豊かなものになる，という相互の関係にある。
>
> 算数科・数学科における「見方・考え方」：事象を数量や図形及びそれらの関係などに着目して捉え，論理的，統合的・発展的に考えること

3 「知識構成型ジグソー法」で実現したいこと

　以上より，大事なことは，資質・能力の育成を教科等の内容の学びと一体化させることである。教科内容の学習を統合した「見方・考え方」は一筋縄では実現できない高度な目標である。だからこそ，不断の授業改善が必要になる。それゆえ，アクティブ・ラーニングは次のように位置づけられている。対話型を取り入れた授業等を行うこと自体は否定せず，その型を使って子どもの質の高い深い学びを引き出すことができているかという「目標」の重要性が明記されている。さらに資質・能力育成の観点から「学びの在り方」，つまり，児童生徒の持つ潜在的な資質・能力を使って伸ばすような学びがあり得ることなどに気づく重要性が示唆されている。

> 　「アクティブ・ラーニング」は，形式的に対話型を取り入れた授業や特定の指導の型を目指した技術の改善にとどまるものではなく，子供たち〔中略〕多様で質の高い学びを引き出すことを意図するものであり，さらに，それを通してどのような資質・能力を育むかという観点から，学習の在り方そのものの問い直しを目指すものである。

　以上の観点から「知識構成型ジグソー法」を見たとき，そこには「学習方法（どのように学ぶか）」のひとつとして活用できる利点，及びそれを使って「目標－実践－評価」のサイクルを回すことができる利点があると言える。

(1) 学習方法としての「知識構成型ジグソー法」

　第2章以降で詳しく説明されるが，「知識構成型ジグソー法」は，一人では十分な答えが出せない課題に対して，仲間と教材の力を借りながら，答えを自ら創り上げていく授業形態である。その途中で仲間と違う資料を分担することで誰もが一度は話し手になる機会や，グループで答えを交換するとこ

ろで同じ問いに対する多様な表現を聞いて考えを深める機会が用意されている。それを通して「主体的（全員が学ぶ主体になる）・対話的（めいめい勝手にでも情報交換でもなく共に答えを創る）で深い学び（期待するゴールに向かって学びを深める）」である「協調学習」を実現しようとしている。

課題と教材が適切に準備されていれば，その中で，自然に数学的なコミュニケーションやコラボレーション，思考・判断・表現の活動が引き出されるし，活動を通して，深い数学的理解が得られる。この授業の繰り返しは，先述の数学的な「見方・考え方」を養うものにもなるだろう。

(2) 授業改善の核としての「知識構成型ジグソー法」

「知識構成型ジグソー法」による授業の特徴は，授業前後で同じ問いに対する解答を2回書いてもらうなど，一人ひとりの学びの深まりを捉えようとしているところにもある。それによって，クラスで一斉に子どもたちが話すのを聞くだけよりも，格段に深まりが評価しやすくなる。

さらに，「知識構成型ジグソー法」というひとつの授業の型を共有することで，単元や学年，教科等の壁を超えて，先生同士が授業について語り合うことが可能になる。期待するゴールに向けて課題や資料は適切か，児童生徒たちの授業前後の記述や途中の会話をもとに授業はねらいを果たせたか，めいめいの先生が次の授業をデザインするヒントは得られたかを語り合える。第3章の実践例も，背後にはそのような語り合いのコミュニティがある。

これらの取組みを通じて，私たちが学んできたのは，数学という「できる子」「できない子」がはっきりしがちな教科においても，実は学習活動次第ですべての子どもたちが学ぶ力を発揮できるということだ。さらに，子どもたちのもともと持つ力を，先生方が先生同士で語り合いながら，引き出していけるということだ。子どもたちの協調学習は先生同士の協調学習で引き出せるということだろう。そのために，「知識構成型ジグソー法」という学びを見える化する工夫が使える可能性を感じている。その可能性を，本書で読者の皆様と共有できれば幸いである。

第 2 章
「知識構成型ジグソー法」
の授業づくり

1 「知識構成型ジグソー法」のステップ

1 │「知識構成型ジグソー法」の前提となる考え方

　本章では,「知識構成型ジグソー法」の授業づくりについて解説する。

　「知識構成型ジグソー法」は,人が本来持っている対話を通じて自分の考えをよりよくしていく力を引き出しやすくするためのひとつの授業の型である。

　次期学習指導要領の改訂に向けて,アクティブ・ラーニングの視点に立った授業づくりという言葉が広く使われるようになってきたが,ここで目指されているのは単に活動的な学びではなく,主体的・対話的で深い学びを引き起こすことである。異なる視点を持つ他者とかかわる対話的な学習活動を生徒一人ひとりの理解深化に結びつける,そうした授業をどうしたら実現できるのかを考える必要がある。

　そういう授業をつくるときに,私たちが出発点にしているのは,人は元来自分で考えて学ぶことが得意だ,すべての人間が,やりとりをとおして考えをよくしていく力を持っているんだ,ということである。今このときで比べると,話し方,聞き方のうまい下手はあるかもしれないが,自分で考えて学ぶことができない子はいない。であると同時に,だからと言って,どういう状況でも関係なく,「自分で考えて学べ」と言ったらみんながそのようにできるわけではない。話したくなるような,聞きたくなるような状況があるかないかで,同じ子でもできることが変わってくる。そこに教育の可能性がある。

　21世紀型の力として,コミュニケーション,コラボレーション（協働）,イノベーション（創発）といった力を育てることが問題になってきているが,こうした資質・能力の育成についても,根本的には生徒全員が生まれながらにしてこうした力を持っているのだと信じてあげて,その潜在力が引き出されやすい環境をつくってあげることが教師の仕事であると整理したい。

> **求められる資質・能力を「生徒」を主語に考え直すと？**
> CoREF Consortium for Renovating Education of the Future
>
> ● コミュニケーション能力
>   ● 「私には伝えたいことがある」自覚
> ● コラボレーション能力
>   ● 「私の考えは話し合って良くなる」自覚
> ● イノベーション能力
>   ● 各自違う意見を統合すると答えが見える
>
> **資質・能力は潜在的に持っていて、使う必然性があれば使いながら伸ばせる**

　どういうことか。例えば、コミュニケーション能力を伸ばすと言ったとき、その人が持っているコミュニケーション能力を最大限発揮する必然性がある環境をつくるためにはどうすればよいかを考えたい。

　話し方のトレーニングを繰り返ししたら、そうした環境ができるだろうか？　必ずしもそうとは言えないだろう。それよりも「生徒」を主語に考えてみると、「私には伝えたいことがある」という自覚があるかないかで、同じ人間でもコミュニケーション能力が発揮されるかどうかが変わってくるはずである。「私には伝えたいことがある」という自覚があれば、人はたとえ表現は拙くても相手に自分の考えを伝えようとするものだし、伝わらなければいろんな表現方法で繰り返し、伝えようと努めるものである。逆に「伝えたい」自覚が本人にあまりなければ、コミュニケーション能力を隠し持っていても、十分に発揮してくれないということも十分あり得るだろう。

　だから、コミュニケーション能力を授業の中で生徒が使いながら伸ばしていくためには、「私には伝えたいことがある」という自覚を多様な生徒一人

ひとりが自然に持てる状況を授業の中にできるだけたくさんつくってあげる方法を考える必要があるということになる。

　コラボレーション能力というのも、「人の話を聞くことが大事ですよ」「協力が大事ですよ」といくら教えても、多分身につかない。自分の考えが話し合ってよくなった、一人でやるより仲間と一緒にやった方がよかった、こういう自覚を与えてあげられるかどうか、それがポイントだろう。

　「本当は一人でやった方が早いのにな」と思いながら、先生の指示なので仕方なくグループ学習をしているような場面ではこうした自覚は持ちにくい。そうではなくて、自分一人では分からないような、そういう問題を違う視点や考えを持つ仲間と話し合うことで解決できた、そういう経験を重ねられると、「私の考えは話し合ってよくなる」という自覚につながるはずだ。こうした経験をすべての生徒にいかにして提供できるかを考えたい。

　イノベーション能力というのも同じで、「新しいことを思いつけ」と、何度言ってもできるようにはならない。「変わった意見をほめてあげましょう」という話ではない。これもやはり、やりとりをとおして、誰も一人では出せなかったような、新しい答えや説明の仕方が見えてきた、という経験を積ませてあげられるかどうかが問題になるだろう。

　ここまでの議論をまとめると、

・生徒は生まれつき資質・能力を持っていて、
・資質・能力を使う必然性がある環境（状況）があれば、自然と発揮しながら、自分の持つ力を伸ばすことができる
・だから、教師の役割は、「資質・能力を使う必然性がある環境」を教室にデザインすることであり

ということになる。「知識構成型ジグソー法」は、この前提に立った授業法であり、「資質・能力を使う必然性がある状況」を教室にデザインするための学習環境デザイン（場作り）の方法のひとつだと考えていただけるとよい。

2 ステップ1：課題について各自が自分で考えを持つ

　ここから「知識構成型ジグソー法」の授業の流れを生徒が「資質・能力を使う必然性がある環境（状況）」をどうデザインするかに即して説明したい。

　「知識構成型ジグソー法」の一連の学習の最初のステップは，この一連の学習を通じて答えを出したい本時のメインとなる課題に一人ひとりがまず答えを出してみることである。

　このプロセスを通じて，一人ひとりに本時の課題が自覚され，生徒たちの間に「当面問うべき問い」が共有されることをねらっている。

　大事なのは，この課題は「一人では十分な答えが出ない」課題である必要があるということだ。この段階で「一人で十分答えが出る」課題であれば，このあと仲間と一緒に考えを出し合ってよりよい答えをつくっていこうという自覚は持ちにくくなってしまう。

3 | ステップ2：エキスパート活動

　本時で答えを出したいメインの課題は「一人では十分な答えが出ない問い」である。だから，その問いに対して教師がいくつか異なる角度からの答えの部品を用意する。小グループに分かれて，この答えの部品について学ぶステップをエキスパート活動と呼んでいる。

　この活動は通常3－4人グループで行うことが多い。また，答えの部品は，数学の授業ではプリント1枚でひとつの解法や考え方について学ぶ，小問を交えたワークシートのような形で与えられることが多い。これをエキスパート資料と呼んでいる。同じエキスパート資料を与えられた小グループでその中身を理解し，自分の言葉で説明できるよう準備する。

　この活動は，続くジグソー活動において，一人ひとりが「私には言いたいことがある」自覚を持ちやすくなる準備段階となる。

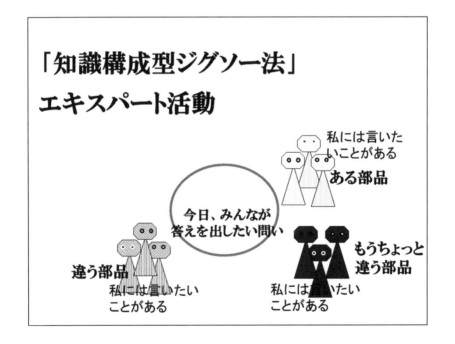

4 | ステップ3:ジグソー活動

　次のステップでは,グループを組み替えて,異なる部品について「エキスパート活動」で検討してきたメンバー同士のグループを組む。こうして異なる部品について考えを持ち寄ったメンバーが,最初の「一人では十分な答えが出ない問い」に対する答えをつくり上げていく活動を「ジグソー活動」と言う。「ジグソー活動」は,「一人では十分な答えが出ない問い」に対するそれぞれ異なる「答えの部品」を持ったメンバーによる課題解決活動である。生徒たちはそれぞれの持つ異なる視点を出し合い,課題を解決していく。

　この活動では,それぞれがエキスパート活動で学んできた「答えの部品」を知っているのは,「自分だけ」という状況が生じる。この状況があることで,生徒の「伝えたい」「聞きたい」という自覚が高まり,コミュニケーションや協調問題解決の資質・能力が自然と発揮されやすくなる。

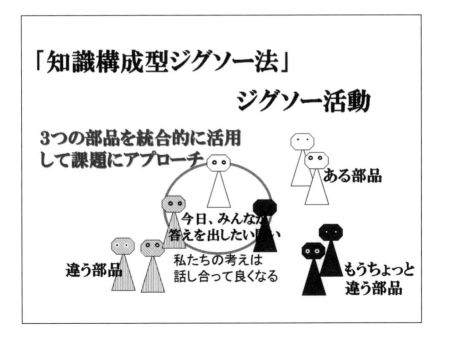

5 ステップ4：クロストーク

　次のステップは，それぞれのグループが「ジグソー活動」でつくり上げた考えを教室全体で交流する「クロストーク」である。先生に与えられた部品は同じでも，人の考えは本来多様だから，課題が十分質の高いものであれば，3つなり4つなりのエキスパートを組み合わせたジグソー活動の各グループがつくり上げてくる解の表現は多様になる。他の班の解の表現を聞きながら，「私にはこの言い方が納得できる」「なるほど，そこはそう考えるとよいのね」といった理解を深めるチャンスを得るのがクロストークのねらいである。

　ジグソー活動を通じて十分な答えに行き着かなかったグループも，そこまで自力で考えてきて「分からない」ことが自覚できているからこそ，他のグループの説明から学ぶ準備ができつつあるので，すべての班が自力解決できていなくても，クロストークが有効な学びの場面になる。

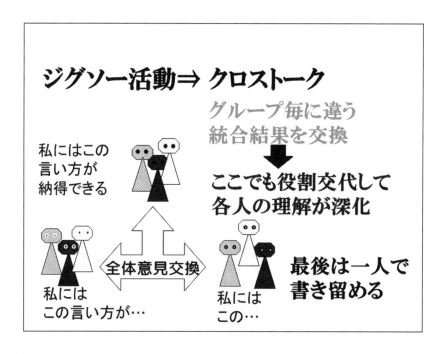

6 | ステップ5：課題について，最後にもう一度自分で答えを出す

　「知識構成型ジグソー法」の一連の学習の流れの最後のステップは，もう一度最初と同じように問いの答えを各人が自分で書いてみることである。
　今日の一連の学習で考えたことを自分なりに統合して，もう一度自分の言葉で表現することで，自分が今日何をどこまで理解したのか，何が分からないのかを自覚するチャンスが生まれ，次の学びにつながる。
　また，一連の学習の最初に書いた答えと最後に書いた答えを自分で比較してみることによって，生徒個々が「私の考えは話し合ってよくなる」自覚や「各自違う意見を統合すると答えが見える」自覚を持つチャンスが生まれる。こうした自覚の繰り返しが，育てたい資質・能力の育成につながっていく。
　また，授業者の側としては，一連の授業で本時において生徒に学んでほしかった内容について，生徒の考えが授業の最初と最後でどのように変容したか，という観点から本時の授業の振り返りを行うことができる。こうした振り返りから，生徒たちにとって本時の課題は学びがいのあるものだったか，本時が終わった時点でまだ理解があやしいところはどこか（＝次の時間に学ぶべき内容は何か）が見えてくるだろう。
　なお，ここで見たいのは，「一連の授業で本時において生徒に学んでほしかった内容」についての理解の変容なので，数学の授業の場合，まったく同じ問題を最初，ジグソー，最後の3回解かせるのか，あるいは「一連の授業で本時において生徒に学んでほしかった内容」についての類問を解かせるのかについては，ねらいに応じてアレンジしてよい点である。

2 型の背景にある学びの原理

1 「知識構成型ジグソー法」の型が支えているもの

　本節では、「知識構成型ジグソー法」の授業の型の背景にある学びの原理について解説する。

　人の分かり方はそもそも一人ひとり多様であり、私たちは潜在的にその多様性、違いを生かしてよりよい考えをつくり上げていく協調的問題解決の力を持っている。しかし、もし教室の中で「正しい答えはひとつだ」「この子の考えは正しくて、私の考えは間違っている」「だから余計なことは言わない方がいい」といった感じ方を生徒がしてしまっているとしたら、こうした潜在的な力は持っていても発揮されにくくなってしまうだろう。

　「知識構成型ジグソー法」は、ひとつの問いに対して、みんなが「違う」役立つ考えを持っているという状況をつくり上げることによって、多様な分かり方に優劣をつけず、むしろ生かしていくような協調的な学びの力を引き出しやすくすることを支えている。

　ジグソー活動では、「一人では十分な答えが出ない問い」に対して、一人ひとりが異なるエキスパートの部品を持ってくるから、「私には人に伝えたいことがある」「私の考えは相手に歓迎される」「聞いてもらえる」という状況が自然と生じる。そこで他者と考えを出し合ってやりとりしていくと、「他の人と一緒に考えると、私の考えはよくなるな」という経験を積むことがしやすくなる。こうした状況が整えば、誰でもそうでないときよりずっと潜在的に持つコミュニケーション能力などの資質・能力を発揮しやすくなる。

　ここからは、「知識構成型ジグソー法」で引き起こしたい「協調学習」について簡単に解説し、協調学習が起こりやすい学習環境の条件を整理しながら、型の背景にある学びの原理を解説していく。

2 │「知識構成型ジグソー法」で引き起こしたい「協調学習」

「知識構成型ジグソー法」で引き起こしたいのは,学習研究の世界で「協調学習(Collaborative Learning)」と呼ばれている,個々人が他者とのやりとりを通じて自分の考えを見直し,よりよくしていくような学びである。

一人ひとりが自分で主体的に答えをつくりながら,考えの違う他者との対話を通じて自分の答えを見直し,つくり変えてよりよくしていくことができれば,先生が正解を渡してあげなくても生徒は先生の正解に迫って超えていくような学びができるし,そうやって学んだ知識はあとになっていろんな状況でつくり変えながら活用されやすいものとなる。

だから,「一人では十分な答えが出ない問い」に対して,「知識構成型ジグソー法」の型を使って話す力,聞く力,考える力をフルに発揮しやすくしてあげながら,こうした協調学習を一人ひとりの生徒に起こせるようにしたい。

「知識構成型ジグソー法」の授業はよく「伝え合い」「教え合い」の授業と誤解されることがあるが,そこに目的があるのではなくて,違った考えを出し合う対話を通じて,一人ひとりが自分の考えをよくしていくところに目的があるということである。

だから,例えば,エキスパートの生徒が他の生徒に説明するときには上手なプレゼンテーションを期待していない。そうでなくて,たどたどしくても自分の今考えていることを言葉に出して,それに他の生徒から「え? ちょっと待って」「もう1回言って」「分からん」「なんで」がたくさん出てくるような自然なやりとりが起こせるとよい。その方が話し手の生徒にも,聞き手の生徒にも,話しながら考えを見直すチャンスになるからである。

逆に,エキスパートの生徒がアナウンサーのように立て板に水で説明しだしたり,まとめてきたメモを読み上げだしたりしたら,聞いている方の生徒の理解がついていかないし,話している生徒も自分の話している内容について省察を働かせることが難しいだろう。こうしたかかわり合いは,対話を通じた理解の深まりにつながりにくい。

3 | 協調学習が起きやすい学習環境の条件

> 潜在的に持つスキルを発現する「必然性がある」
> ## 「協調学習」が起きやすい環境
> - 一人では充分な答えが出ない課題をみんなで解こうとしている
> - 課題に対して一人ひとりは「違った考え」を持っていて、考えを出し合うことでよりよい答えをつくることができる期待感がある
> - 考えを出し合ってよりよい答えをつくる過程は、一筋縄ではいかない
> - 答えは自分で作る、また必要に応じていつでも作り変えられる、のが当然だと思える

　この４条件は、協調学習が起きやすい学習環境の条件を、これまでの学習科学研究や実践をもとに私たちがまとめてみたものである。こうした条件が整っているとき、私たちは日常様々な場面で資質・能力を自然と発揮しながら、やりとりを通じて自分の考えをよくしていくような学びを実現している。

(1) 一人では十分な答えが出ない課題をみんなで解こうとしている

　どういうときに、協調学習が起きるか。別の言い方をすると、人がやりとりをとおして自分の考えをよくする力を発揮するかと考えると、まず一番は「一人では十分な答えが出ない課題をみんなで解こうとしているような状況である」ということが必要だろう。

　当たり前だが、一人で十分な答えが出せる課題に対して、わざわざ他人と考える必要性はあまりない。「一人では十分な答えが出ないかも」と感じてはじめて、他の人と一緒に考えてみる必然性が生まれると言ってよい。

(2) 課題に対して一人ひとりは「違った考え」を持っていて，考えを出し合うことでよりよい答えをつくることができる期待感がある

　そして，もうひとつ大事なのは，その課題に対して，自分たちがみんな持っている考えが違って，その考えを出し合うことでよりよい答えがつくれるんじゃないか，という期待を個々人が持てるということである。

　考えの違いというのは，言葉や態度に表現してみないとお互いに分からない。だから，まずそういったみんなが考えを外に出してみる表現のチャンスがあることが欠かせない。そのうえで，誰かが正解で他の考えは間違っているからいらないというのではなくて，いろんな考えを出し合う必要があるんじゃないかと思えないと，いろんな考えを出したり，聞いたりという活動には向かいにくい。

(3) 考えを出し合ってよりよい答えをつくる過程は，一筋縄ではいかない

　3つ目に，そうやって，考えをつくっていく活動というのが，単なる情報共有とか，間違い探しで終わらない，行きつ戻りつの一筋縄ではいかない道筋であるときに協調的な学びが起きやすくなる。

　例えば，答えに関する3つのパーツをそれぞれが持ち寄っていたとして，せーので出し合った瞬間に「これを3つ並べて書いたら答え」になるのであれば，いろんな考えを比較検討したり，表現を吟味したりしながら考えをよくする学習にはつながらないだろう。考えを出し合った先に，あぁでもない，こうでもないと議論が生まれ，考えを見直すチャンスがたくさん生じるような活動を引き起こすためにはどうすればよいかを考えたい。

(4) 答えは自分でつくる，また必要に応じていつでもつくり変えられる，のが当然だと思える

　そして最後に，学習者自身が答えは自分でつくる，また必要に応じていつでもつくり変えられる，のが当然だと感じていることを挙げたい。

　いろいろ考えても，最後は先生が答えをまとめてくれるとか，優等生のナントカちゃんの答えに合わせるというのであれば，わざわざ自分で考えてみようと思いづらいだろう。

今の大学生は小中とたくさんの言語活動を経験している世代だが，彼らに聞いてみると，話し合いの授業は，話し合いの仕方を学んだり，意欲や態度を評価されるもので，問題の答えは結局最後先生がくれるものだと答えたりする。こうした自覚だと，対話と学びの深まりは切り離されてしまうだろう。そうでなくて，一人ひとり自身が答えのつくり手なのだという自覚があるときに，対話を通じて自分の考えをよりよくしていくような学びが起こりやすい。

4 │ グループ学習でこうした条件は満たされるか

　ここまで協調学習が起きやすい学習環境の4条件を見てきたが，教室で単にペアやグループの学習を取り入れたら，どんな場合でも自然とこの4つの条件は満たされるだろうか。その教室の育んできた学びの文化や課題のレベルなどにもよるが，そうならない場合も多いのではないだろうか。

　グループ学習を取り入れても，できる子が一人で解決してしまうとか，調べたことを発表し合って終わりになってしまうとか，先生の「答え」を待ってしまうとか，いろんなことが起こり得る。これは，課題が十分難しいという条件が満たされていないとか，違った考えを出し合うことの期待感がもてていないとか，答えは自分でつくるものと思えていないとか，そういう条件と関連しているだろう。

　例えば，できる子が一人で解決してしまう，他の子はそれを写して終わりになってしまうような場合はどうだろう。苦手な子も参加できるようにレベルの低い課題を与えた結果，かえって得意な子がさっと解いてしまって，写させてとなるような場面も見られる。

　そうならないように，調べ学習のような形で一人ひとりに発表機会を与えても，調べたことを発表し合って終わりになってしまう，そこから話が深まっていかないということもあるだろう。それぞれの持っている部品が生きる課題がないと，なかなか考えを出し合って，よりよい答えをつくっていく学びは起きにくい。

あるいは，先ほども述べたように，結局話し合いは話し合いで，最後は「先生が答えを教えてくれるはずだ」となってしまう。これだと，話し合いの仕方はうまくなるかもしれないが，協調的な問題解決の力を引き出し，伸ばしてあげること，対話を通じて深い理解をつくるチャンスをあげることにはなりにくい。

5 「知識構成型ジグソー法」を原理的に説明すると

(1) 環境次第で同じ人ができることは違う

これに対して，「知識構成型ジグソー法」では，冒頭に申し上げたように，「一人では十分な答えが出ない問い」に対して，一人ひとりが異なるエキスパートの部品を持っているという状況をつくり上げることで，この4条件を教室での学習環境において実現しやすくし，「私には人に伝えたいことがある」「私の考えは相手に歓迎される」「聞いてもらえる」という状況を支える。

この型を使った実践を通じて見えてきたのは，「特別なトレーニングを積まなくても，環境次第で子どものできることは変わる」ということである。普段グループ活動で話をしない生徒が「知識構成型ジグソー法」の授業で話しているのを見て驚いたという先生方からの声をたくさんいただく。

これは大人の場合でも同じで，よく先生方に授業の体験をしていただくのだが，同じ部品について話し合うエキスパート活動では黙々と取り組み，なかなか口火を切りづらそうにしていた先生方が，ジグソー活動になると生き生き意見交換しながら考えている場面もしばしば目にする。

仮の「エキスパート」があることによって，「伝えたい」「聞きたい」状況が生まれ，その人の本来持っているコミュニケーションや協調問題解決の能力が引き出されやすくなるためである。

(2) 仮の「エキスパート」の意味

ひとつポイントになるのは，ここで仮の「エキスパート」と言っていることである。この授業を行うときにひとつ先生方がネックに考えられがちなのは，「エキスパート活動で本当にみんながエキスパートになれるのか」「自分

のエキスパートをきちんと説明できるのか」ということだろう。「ジグソーをやるためにトレーニングが必要なのではないか」というお声も伺う。

この懸念に対する私たちの答えとしては、「本当にみんなが、先生から見て十分なエキスパートになったり、しっかりした説明ができたりする必要は必ずしもない」ということである。

ここまで述べてきたように、この型の主な機能は「一人では十分な答えが出ない問いに対して、一人ひとりが何らかの言えそうなことを持っている」という状況をつくるところにある。その際、エキスパートの生徒の説明が答えを知っている先生から見て不正確、不十分でも、あるいは「こんな資料もらったんだけど、この意味が分からない」といった程度のものでも、それを次のジグソー活動の班に持っていくことで、その生徒しか持っていない考えの部品をジグソー活動のメンバーに提供することができると言ってよい。そこから先、さらによりよい答えにたどり着くために、その生徒が持っているエキスパートの部品をもう一度みんなで検討してみるような学び方があってもよいだろう。

だから、「エキスパート活動」と言ったときに、生徒が「エキスパートにならないと」と頑張ったり、生徒に「次の班に行ったらその内容を知っているのは自分だけだから、しっかり説明できるように準備してね」と声をかけたりすることはよいが、先生自身が本当に「全員がエキスパートになるまで次のジグソーには進めないぞ」と考えてしまわないようにしていただきたい。

もちろん、想定外にエキスパート活動が進まなかったりした場合、時間を多めに取ったりということもあり得るが、原則的には、エキスパート活動は、あくまでジグソー活動での問題解決において「一人ひとりが違う考えを持っている」という状況を保障するための場づくりであり、メインの活動であるジグソー活動を普通のグループ学習より「持っている資質・能力」を発揮しやすいものにするためのステップであると考えていただけるとよい。

だから基本的には、「知識構成型ジグソー法」の授業を行うためにトレーニングが必要だというより、ジグソー自体が資質・能力を発揮しやすい場を

つくって伸ばしてあげるトレーニングになっていると考えていただけるとよいだろう。

(3)「知識構成型ジグソー法」と学級経営の関係

　実践を重ねられた先生方からは、「知識構成型ジグソー法」を使った学習を通じて、友達と学ぶ成功体験が、次の学びの意欲を引き出し、学級経営の改善にもつながるといった意見も多く伺う。

　これは確かにそうだとも言えるし、原理的に言えば「卵が先か鶏が先か」のような部分もあるかもしれない。と言うのも、普段の学級経営や授業で「答えはひとつ」「余計な考えは言わなくていい」といった学びの文化を育てている教室では、なかなかジグソーの型があっても「違った考えを聞いてみるとよさそう」とか「答えは自分でつくる」という自覚を生徒個々が持つのは難しくなってしまいがちだからである。逆に普段から「分からない」と言い合える関係や違い、間違いを大切にする文化を育てている教室では、ジグソーの型でつくり出そうとしている「協調学習が起きやすい環境」の条件が自然につくり上げられやすくなっていると言える。

　先ほど「知識構成型ジグソー法」のために生徒に特別なトレーニングは不要だと申し上げたが、こうした学級の学びの文化づくりのような面については、教室に「協調学習が起きやすい環境」を整え、主体的で協調的な学びを引き起こすための授業改善の両輪として普段から意識しておきたい。

3　授業づくりの視点

1　型が支えるものと個々の授業者に拠るもの

　ここまで述べてきたように,「知識構成型ジグソー法」の型は,「一人では十分な答えが出ない課題」に対して一人ひとりが違う考えを持っていて,それを組み合わせることでよりよい答えが出るだろうと期待できる学習環境をつくることによって,子どもたちが潜在的に持っている協調的な学びの力を引き出す手法である。

　しかし,こうした学習環境は,当然のことながら「ジグソーを使いさえすれば」整うわけではない。

　なぜなら「一人では十分な答えが出ない課題」というのは,当然,今目の前にいる生徒たちにとって「一人では十分な答えが出ない課題」である必要があるし,それに対して答えを出すのに教師側から与える部品も,彼らが今使えそうな知識に即して選んであげる必要があるからである。

　目の前にいる生徒たちがどんな既有知識を持った学習者であるかを判断し,その彼らに対してどんなねらいで,どんな本時でひとまずのゴールに向けて,どんな問いによって,考え,表現してもらうかは,授業をする先生方お一人ひとりの授業デザインに拠ってくるのである。

2　授業づくりのポイント1：問いの設定

　だから,授業をデザインする際には,問いが本当に本時の生徒たちにとって「一人では十分な答えが出ない」ものになっているか,本時の生徒たちにとって,問いたい,問うに足る問いを設定できるかが一番重要になってくる。

　また,3番目の条件にかかってくる部分だが,その問いに対するゴールがABC3つのエキスパートを持ち寄ってただ並べたらよいようなものではな

く，そこから考えを出し合って，何度も理解を見直すことを誘発するような質の高い問いとゴールの設定になっているかも重要である。

> **本時の生徒たちにとって、問いたい、問うに足る問いを設定できるか**
>
> ● 一人では充分な答えが出ない課題をみんなで解こうとしている
> ● 課題に対して一人ひとりは「違った考え」を持っていて、考えを出し合うことでよりよい答えをつくることができる期待感がある
> ● 考えを出し合ってよりよい答えをつくる過程は、一筋縄ではいかない
>
> **問いは、考えを出し合って、何度も理解を見直すことを誘発するような質の高い問いか**

3 │ 授業づくりのポイント2：単元の流れにおける本時の位置づけ

　授業づくりのポイントの2つ目は，単元など一連の学習の流れにおける本時の位置づけを明確にすることである。このことには2つの意味がある。

　ひとつは先ほどのポイント，問いの設定と密接にかかわり合うことだが，設定した課題が「本時の生徒たちにとって取り組みがいのあるものになっているか」である。

　「本時の」というのがポイントである。生徒は毎時間，毎時間理解を前に進めているはずなので，同じ課題，同じ生徒でも数時間前に実践していれば「考えがいのある」課題だったのが，授業の流れによってはもう「一人で十分答えが出てしまう」ような取り組みがいのない課題になってしまうことも

ある。また，逆に課題や資料の中で前提としている考えなどに新規なものが多すぎて，生徒が課題の把握を行うこと自体が難しい場合も，本時の生徒たちにとって取り組みがいのある課題とは言えないだろう。単純に，この単元の教材というだけでなく実施のタイミング，一連の授業の流れを踏まえて，本時の生徒実態に適切な課題の設定を行う必要がある。

　ふたつめは，本時の授業のデザインをする際に，本時の中だけで考えずに，単元全体の流れの中での本時の位置づけを考えることである。

　これまで50分で教えていた内容を単純に50分の「知識構成型ジグソー法」の授業に落とし込もうとすると，時間内に完結せず，「これじゃあ年間指導計画通りに進まない」というお話を伺うことがしばしばある。生徒が一生懸命話しながら考える授業なので，どうしても時間を十分取ってあげたくなるので，そういったことも起こり得るだろう。

　逆に，これまで3コマ使って教えていた内容を2コマ分のジグソー授業としてデザインしてみたらどうだろうか。じっくり考えて各自が大筋の理解を持ったうえで，もう1コマ基礎的な事項を確認する演習や講義の時間を取ることもできるだろう。「知識構成型ジグソー法」の授業の次の時間は，講義の視聴率が高いといったお話もよく伺う。自分で考えて分かりかけてきた内容については，生徒は主体的に聞くことができるためだろう。

　このように，これまでの「これが1時間で教える内容」という縛りをいったん見直して，単元全体のデザインを行ってみると，「知識構成型ジグソー法」のような授業の生かし方も違って見えてくるのではないだろうか。

4 ｜ 実践例の活用

　ここまで述べてきたように，「知識構成型ジグソー法」の型を使いさえすれば，ではなく，型を使ってどのような問いを設定し，授業をデザインしていくかが重要である。もちろん，最初からお一人で考えていくのは難しいだろう。続く第3章で紹介する実践例や第4章の授業づくりのポイント―Q&A―も参考にされながら，授業づくりにチャレンジしていただきたい。

5 授業案の書式

最後に，続く第3章で使用している CoREF 書式の授業案の各項目についてご説明し，その背景にある考え方についても触れたい。

1	授業のねらい
2	メインの課題
3	児童生徒の既有知識・学習の予想
4	期待する解答の要素
5	各エキスパート
6	ジグソーで分かったことを踏まえて次に取り組む課題・学習内容
7	本時の学習と前後のつながり
8	上記の一連の学習で目指すゴール
9	本時の学習活動のデザイン
10	グループの人数や組み方

東京大学 CoREF では，「知識構成型ジグソー法」を用いた授業づくりのポイントを明確にするために独自の授業案の書式を使用している。

授業案の中心となるのは，「メインの課題」とそれに対する「児童生徒の既有知識・学習の予想」及び「期待する解答の要素」である。

授業づくりにあたっては，まず「授業のねらい」に即して，本時で生徒に考えてほしい課題を明確にし（「メインの課題」），それに対して授業前に生徒がどんなことを書けそうなのか，生徒の既有知識の実態を見積もり（「児童生徒の既有知識・学習の予想」），それが授業後，どのように深まってくれるとよさそうなのか，教科の本質に即して期待する解答に含まれていてほしい要素を設定する（「期待する解答の要素」）。

そのうえで，本時の「児童生徒の既有知識・学習の予想」から出発して「期待する解答の要素」に至るために，どんな部品が必要になるのかを考え，各エキスパートの設定を行っていく。

授業をデザインしていく際には，これまでの学習の流れを踏まえて，本時の生徒にとってちょうど取り組みがいのある課題とはどのようなものかを生徒実態から考える必要がある。そのために「本時の学習と前後のつながり」を生徒が何を学んできたか，本時の段階でどんな知識が使えそうか，という視点から整理する必要がある。本時の学習は，本時だけで終わるわけではなく，次の学びにつながっていく必要があるから，「ジグソーで分かったことを踏まえて次に取り組む課題・学習内容」も射程に入れた授業デザインをしておきたい。

　また，本時の課題に対してどんな答えを出してくれれば教科の本質に即して深まりがあったと言えそうかという「期待する解答の要素」を明確にするためには，本時だけでなく「一連の学習で目指すゴール」を意識しておく必要がある。

　「本時の学習活動のデザイン」や「グループの人数や組み方」は，実際に授業を行ううえでの流れに関連する部分である。50分で「知識構成型ジグソー法」のすべての学習活動を行う授業もあれば，2コマ使って行う授業もある。また，「知識構成型ジグソー法」と問題演習や発展的な探究などを組み合わせて一連の学習活動をデザインする場合もあるだろう。

　このように，CoREF様式の授業案は「知識構成型ジグソー法」の授業づくりで大事にしたい視点を押さえたものになっている。こうした授業デザインの作業は最初はなかなか一筋縄ではいかないが，教科のねらいについて同じ教科の仲間と意見交換する以外にも，生徒の実態について校内で意見交換したり，また「人はいかに学ぶか」の理論や経験則に基づいていろんな先生方とプリントの作りや活動の持ち方などについて意見交換したりしながら，案を固めていけるとよい。他教科の先生方に「生徒役」になってもらって，実際に教材に取り組んでいただくような検討方法もお勧めしたい。

第3章
「知識構成型ジグソー法」の実践例

実践例について

　はじめに本章の構成について示す。ここでは，本章で扱う実践例の見方を紹介し，続くp.40以降では，各学年２事例ずつ，計６つの「知識構成型ジグソー法」を用いた実践例を紹介する。なお，実践者の先生方のご所属は，実践当時のものである。

　東京大学CoREFでは，平成22年度から全国の小中高等学校，都道府県及び市町の教育委員会等と「新しい学びプロジェクト」という研究連携を組織し，「知識構成型ジグソー法」を用いて「協調学習」を引き起こす授業づくりの実践研究を行ってきた。こうした研究連携で開発された教材は現在小中高様々な教科で合わせて1000を超える。

　ここでは，こうした教材の中から中学校数学の様々な場面における「知識構成型ジグソー法」の活用例を示すことを目的に，６つの事例を紹介したい。

学年	単元	ページ
１年	文字と式	…p.40
	資料の散らばりと代表値	…p.58
２年	連立方程式	…p.72
	図形の調べ方	…p.89
３年	平方根	…p.110
	相似な図形	…p.127

　もちろん，これら以外の単元での実践も多く存在するし，これらの単元における他の切り口の実践例も多く存在する。こうした他の実践例については，続く第４章でも簡単に紹介している。

本章の実践例はすべて次のような構成でご紹介している。

1 実践の概要と成果	授業実践の概要の紹介と成果の分析，実践からの示唆のまとめ
2 授業案及び教材	CoREF書式による授業案と実際の授業で使われた教材プリント
3 実践者の声	実践者の先生へのインタビュー

「1 実践の概要と成果」は東京大学CoREFの研究者がワークシートや対話記録など生徒の学習の記録をもとに執筆した。「2 授業案及び教材」は授業にあたって実践者が作成されたものである。第2章で解説したように，この授業案の書式には授業づくりのエッセンスがつまっている。2を参照していただきながら，1から授業の中で生徒が何をどのように学んでいたか，そこからどんな示唆が得られるかをご覧いただきたい。

「3 実践者の声」は東京大学CoREFの研究者が実践者の先生に行ったインタビューを編集したものであり，本時の授業に限らず，これまでの経験から「知識構成型ジグソー法」の手応えや授業づくりのポイントなどについて語っていただいている。それぞれの先生方における探究的な数学の学びに対するこだわりや葛藤，それに基づく，あるいは対比しての「知識構成型ジグソー法」の授業づくりについての豊かな知見をご参照いただける。

最後に，紹介する6つの実践例はどれもあくまで，あるひとつの教室で，ある一人の先生のねらいに沿って行った授業である。教室が違えば，先生が違えば，また違ったアレンジがあり得るだろう。また，実践から見えてきた課題点もそのまま収録している。なので，「この通りすればよい，しないといけない」という模範ではなく，こんな生徒で，こんな先生の考えのもと，こんな教材で試してみたらこんな成果と課題が見えてきたという参考例とお考えいただきたい。そうした視点で見ていただいたとき，必ず読者の先生方がご自分の授業をデザインされるうえで生かせる実践集になっているはずである。

実践例1

文字式の意味を読み解こう

1 実践の概要と成果

(1)授業のデザイン

　本節で取り上げる実践は，広島県の安芸太田町立戸河内中学校丸山教諭によって1年で実践された「文字と式」の授業である。

　授業は，文字式の導入2時間目として1コマ（50分）を使って実践された。

　授業のデザインを表1に示す。ポイントは，提示された文字式の意味を読み取ることにフォーカスした課題設定である。文字式の授業では，生徒に問題文や図を提示し，文字式をつくらせるというタイプの課題を設定することが多い。それに対し，式の方を提示し，その意味を言葉にするという，いわば逆の思考を要請する課題を設定した点が本時のデザインの特徴である。実践者は，言葉を式化するという方向の思考だけでは，文字式の計算ができるようになっても意味を理解していないという事態が起こりがちであるという問題意識を持っていた。そこで，単元の早い段階で「式が表す意味を言葉にする」機会をつくることで，文字式を文や図と自分で考えながら結びつける経験をさせ，単元の学習の基盤をつくることをねらった。

　授業では，与えられた文字式がどのような数量を表しているのかを読み取る課題に個人で取り組んでみたあと，エキスパート活動で文字式の3つの決まりごとを確認した。ジグソー活動は，少し変則的に，班ごとに少しずつ別の課題に取り組ませた。縦 x cm，横 y cm の長方形を提示し，その周を表す様々な文字式を提示して，それが何を表しているか，なぜそれを表していると言えるのかを考えさせたのである。こうした工夫により，クロストークでは，「表しているものは同じなのに，どうして違いが生じるのか？」という疑問が自発し，互いの発表を「理由」に着目して比較検討しやすい状況をつ

くった。1時間をとおして，文字式のきまりや文字式を文や図と結びつけるための着眼点について自分なりに理解する，という部分に焦点化した学習活動が展開するよう，よく工夫されたデザインと言える。

表1 「文字と式」の授業デザイン

課題	<個人課題（授業前後）> 　1辺の長さが x cm の正方形があります。$x \times x$ はどのような数量を表していると考えられるか答えなさい。 <ジグソー課題> 　縦 x cm，横 y cm の長方形があります。次の式はどのような数量を表していると考えられますか。また，そう考えた理由を書きましょう。 ①(1，2班) $2x+2y$ ②(3，4班) $x+y+x+y$ ③(5，6班) $2(x+y)$ <ジグソー活動で時間があったら取り組む課題> 　底面の縦と横の長さが a cm，高さが h cm の直方体があります。次の式はどのような数量を表していると考えられますか。 $(a+a+a+a)h+a^2+a^2$，$2a^2+4ah$ $a^2+ah+ah+a^2+ah+ah$
エキスパートA	文字式では，乗法の記号×を省略する／数と文字の積では，数を文字の前に置く／1，-1と文字の積では，1を省略する。
エキスパートB	同じ文字の積は，累乗の指数を使って表す／乗法の交換法則を使って式をまとめてもよい。
エキスパートC	文字式では，除法の記号÷を使わずに，分数の形で表す／-（マイナス）の符号は分数の前に書く。
期待する解答の要素	文字式のきまりをふまえて，与えられた文字式がどのような数量を表しているのかを正しく読み取る。

(2)学習成果―授業前後の理解の変化から―

　授業前後に１人で問題を解かせたときの解答に基づいて，学習成果を確認してみたい。

　授業の最初では，１辺の横に「$x$cm」と記入された正方形の図を示し，「１辺の長さが $x$cm の正方形があります。$x \times x$ はどのような数量を表していると考えられるか答えなさい」という問題に考えを書かせた。授業後は，正方形の面積，三角形の面積，立方体の表面積を表す式を提示し，「次の式はどのような数量を表していると考えられるか，書きなさい」という問題に考えを書かせた。正方形の問題は授業前後に共通で，授業をとおしての学習成果を把握できる問題となっている。暗記による回答にならないよう，授業後は文字 a を用いた。期待する理解の深まりが確実に確認できるよう丁寧に課題が設定されていると言えよう。

　表２は正方形の面積を表す文字式の問題に対する３人の生徒の授業前後の解答を比較してみたものである。

表２　授業前後における生徒の記述（原文ママ）

生徒	授業前	授業後
1	x	周りの長さ
2	正方形の１辺の長さ	面積
3	１辺×１辺	正方形の面積

　授業前はどの生徒も正解を記述できていない。生徒１のように文字式が何らかの数量を表し得ること自体を理解していないことがうかがわれる生徒も見られた。しかし授業後では，文字式が数量を表し得ることはほぼ全員が理解できたようである。誤った解答を記述した生徒は授業を受けた17名のうち２名で，「（正方形の）周りの長さ」が１名，「$x + x + x + x$」が１名であった。生徒の理解は授業をとおして期待する方向に変化したと言えるだろう。

　また，授業前の「誤り」の背景に生徒によって異なる多様な考えがあるこ

にも注目しておきたい。生徒1のように文字式に意味があること自体に考えが及ばなかったらしい生徒もいれば，生徒2のようにxが正方形の1辺の長さを表すことは理解しているが，式としての意味を捉えられてない場合もある。生徒3は式としての意味も把握できているが，「1辺×1辺」を「面積」という言葉に置き換えるところでつまずいているようである。ここで取り上げなかった生徒の例では「課題提示文中の『数量』という言葉の意味が分からず，課題を把握できなかった」「正方形の図の横に書かれた『$x$cm』が1辺の長さを表していることが分からず，手がかりをつかめなかった」といった場合もあった。さらに実践者の振り返りによれば，授業後の課題では，三角形の面積を表す文字式の問題で「底辺」という用語が思い出せない，三角形の面積を求める公式を「縦×横÷2」「縦×横」のように，誤って記憶しているなどのつまずきも見られたという。

　本時の課題は1つの正解があるクローズドエンドなものであった。しかし，書かれた答えを正誤にはっきり区別できることは，生徒の考えが単純に二分できることを意味しているわけではない。上述のように，授業をとおして生徒の理解が期待する方向に変化したことは確かだと思われる。だとすれば，授業における理解の変化のプロセスは，誰かが持っていた正解を共有していくようなものではなく，誤りの背景にある多様な考え方を，聞き合いながら見直して，少しずつ変えていくようなプロセスだったのではないだろうか。

(3) 実践を振り返って
①授業における生徒の学び

　実際にジグソー活動ではそうしたプロセスが生まれ，しかもそれは各班によってかなり多様なものであった。ジグソー活動の課題は「どの式も長方形の周を表している」という点では明確なひとつの答えがある。しかし，この課題をどのように解いていくのか，生徒が自然に思考したときの着眼点やプロセスは様々に異なっていたのである。例えば，「$2x + 2y$」の式に取り組んだある班では文字や記号を一つひとつ図形と対応づけ，エキスパートの資

料に戻りながら自分たちの答えの妥当性を逐一確認していくような形で解答をつくっていた。「2って何？　あ。2×x？（エキスパートAのプリントを示して）これだと思うんよね，これの表し方。で，足し算か，ここの長さとここの長さを足して…」と一つひとつの文字や記号の意味を言葉にしながら，「周りの長さ」を導いていた。

また「$x+y+x+y$」に取り組んだ別の班では，比較的短い時間で式が長方形の周の長さを表していることに気づき，答えを書いた後，具体的な数字を1から順番に当てはめて自分たちの答えを確かめることに多くの時間を使っていた。「xが1でyが2なら1+2+1+2=6でOK」「xが1でyが3なら…」と何度も繰り返すうちに，少しずつ自分たちが出した答えに自信を持てた様子であった。

②考察

　本時の授業では，課題もクローズドエンドであり，身につけさせたい知識もはっきりとしていた。こうした知識を扱う場合，生徒たちが自分たちで考えていく活動では誤った理解や不十分な定着などの不安があるため，「教師の解説を聞いて，練習問題を積み重ねる」というような指導法によって正しい知識の定着を図ることが適当であるようにも思われる。しかし，前述のような活動の様子からは，正解や教えたい知識がひとつでも，子ども一人ひとりが学習内容について理解していくプロセスや，納得のポイントは多様であることがよく分かる。

　一人ひとりが自分なりのプロセスで理解し，こだわりに応じて納得しておくことは，単元の今後の授業を理解していく基盤をつくり，次の学びの質を上げると考えられる。対して，解説＆練習問題による効率的な指導法では，いったん習熟度が上がったように見えても，複雑な計算が出てきたり，文章題などの発展的な場面で問題提示をしたりすると，つまずいてしまうといった課題が生じることも多い。一口に知識の定着と言っても，いつ何を達成することを知識の定着と考えるのか，そのゴールイメージを見直してみることで，アクティブ・ラーニング型の授業の活用の幅も広がると考えられる。

2 授業案及び教材

「知識構成型ジグソー法」を用いた協調学習授業　授業案

学校名	安芸太田町立戸河内中学校	授業者	丸山　智
授業日時	平成28年6月15日	教科・科目	数学
学年・年次	1年	児童生徒数	17
実施内容	文字式（文字式の表し方）	本時／時数	4／18

授業のねらい（本時の授業を通じて児童生徒に何を身につけてほしいか，このあとどんな学習につなげるために行うか）

　文字式の積や商の表し方を理解する。また，式の意味を読み取り，説明することができる。
　今後，具体的な場面で，文字式の積や商の表し方に基づいて，いろいろな数量を文字式で表すことができるようになる。また，1辺が x の立方体の側面積が $4x^2$ や $x^2+x^2+x^2+x^2$ のようにいろいろな表し方ができることから，文字式の加法・減法の仕組みの理解につなげる。

メインの課題（授業の柱となる，ジグソー活動で取り組む課題）

　与えられた文字式が，どのような数量を表しているか説明する。
・与式が，①長方形の周りの長さを，②直方体の表面積を表していることを説明する。

児童生徒の既有知識・学習の予想（対象とする児童生徒が，授業前の段階で上記の課題に対してどの程度の答えを出すことができそうか。また，どの点で困難がありそうか）

　算数では，平面図形，空間図形の面積や表面積，体積の求積は学習しているが，公式が定着していない生徒がいることも考えられる。また，長方形の縦・横の長さが具体的な数値のときは，面積や周りの長さを求めることはできるが，文字式で考えたり，表現したりすることが難しい生徒は，多いと思われる。
　長方形の周りの長さを求める方法として，何通りか考えられるが，自分の考えと与式とが異なる文字式の場合には，読み取ることが難しいことも予想される。

期待する解答の要素（本時の最後に児童生徒が上記の課題に答えるときに，話せ

るようになってほしいストーリー，答えに含まれていてほしい要素。本時の学習内容の理解を評価するための規準）

　x は縦の長さ，y は横の長さを表している。$2(x+y)$ は，縦と横の長さの和を2倍しているので，長方形の周りの長さを表している。
　$2x+2y$ の $2x$ は縦の長さ2つ分，$2y$ は横の長さ2つ分なので，長方形の周りの長さを表している。
　長方形の周りの長さは，（縦＋横）×2で求めることができる。縦が x，横が y だから，$(x+y)×2$，積の記号×は省略し，数を文字の前に書くので，$2(x+y)$ となる。
　$x+y+x+y$ は，長方形の（右）縦の長さ＋（下）横の長さ＋（左）縦の長さ＋（上）横の長さ（長方形の縦の長さと横の長さの和が2組）なので，長方形の周りの長さを表している。

各エキスパート＜対象の児童生徒が授業の最後に期待する解答の要素を満たした解答を出すために，各エキスパートで押さえたいポイント，そのために扱う内容・活動を書いてください＞

A　①数の後に文字が続けて書かれている文字式では，その間に乗法の記号×が省略されている。②数と文字を含む文字式は，数×文字，文字×数である。③文字の前に数が書かれていない文字式では，1と×が省略されている。
B　（数と同様に）文字式においても累乗の指数を使って表すことができる。
C　分数の形の文字式は，（数と同様に）分子÷分母である。

ジグソーで分かったことを踏まえて次に取り組む課題・学習内容

　ジグソー資料は，同じ数量（長方形の周りの長さ，直方体の表面積）を異なる文字式で表した3種類を用意している。$x+y+x+y$ と $2x+2y$ と $2(x+y)$ はすべて同じ数量を表していることから，文字式の計算（加法・減法）について考え，計算の仕組みを発見させたい。
　項，係数，1次の項，1次式などの意味を理解させ，これらの用語を使って，計算の流れが説明できるようにする。

本時の学習と前後のつながり

時間	取り扱う内容・学習活動	到達してほしい目安
これまで	数の代わりとしての文字を理解する。	
前時	数の代わりとしての文字の意味を理解し,いろいろな数量を文字を使った式で表す。	数量の関係を文字を使った式で表すことができる。
本時	式の意味を読み取り,説明し伝え合う。	文字式の積や商の表し方を理解する。 式の意味を読み取ることができる。
次時	いろいろな表し方から,計算の仕組みについて考え,文字式の計算をする。	同じ文字を含む項を1つの項にまとめ,式を簡単にすることができる。
このあと	用語の意味を理解し,計算(加法・減法)の流れを説明し,伝え合う。	1次式同士の加法・減法の計算の流れを説明することができる。

上記の一連の学習で目指すゴール

　文字を用いた式における乗法(除法)の表し方を理解したり,式の意味を読み取ったり,説明したりすることができる。1次式の加法(減法)や,1次式と数の乗法及び1次式を数でわる除法の計算をすることができる。

本時の学習活動のデザイン

時間	学習活動	支援等
3分	始めの問い 〇文字式が表している数量を予想する	
2分	本時の目標を確認する 「文字式が，どのような数量を表しているか説明しよう」	
10分	エキスパート活動 A　文字式の表し方（×） B　文字式の表し方（累乗） C　文字式の表し方（÷） 〇文字式の表し方について，積の記号「×」や$1a・-1a$の「1」を省略するなど，きまりを理解し，説明できるようになる。	〇文字式の表し方について，どのようなきまりがあるのか，具体例を示し，理解し説明できるようにさせる。 〇可能であれば，グループごとに具体例を考えさせ，オリジナルの例で説明できるようにさせる。 〇各資料とも2グループあるので，必要に応じてグループ間で交流させる。
20分	ジグソー活動 〇それぞれのエキスパート活動で分かったきまりを説明し合う。 〇文字式の表し方にしたがって表されている式がどのような数量を表しているか考える。	〇理解の様子を見ながら，理解が難しいようであれば，どのようなきまりがあるか，まとめさせる。 〇活動が進まないグループには，文字が表している数量を確認させたり，省略されている記号や数を戻して考えさせたりする。
	クロストーク 〇それぞれのグループの文字式とその式がどのような数量を表し	〇それぞれのグループで提示された文字式の確認，グループの考えを

10分	ているか交流する。 ○式の表し方が異なっていても，同じ数量を表していることに気づく。また，式の計算（変形）について予想する。	理由をもとに説明させる。
5分	まとめ	

グループの人数や組み方

エキスパート活動（生活班を基本として構成）…資料A・C（3人×2グループ），資料B（3人・2人）
ジグソー活動…3人×3グループ，4人×2グループ

エキスパート活動のプリント(A)

文字式（文字式の表し方）　　1年　氏名（　　　　　　　）

文字式の表し方1

文字式には，次のような決まりごとがあります。

【決まりごと】

(1) 文字式では，乗法の記号 × を省略します。

　　例． $a \times b = ab$　　　　　　$3 \times x = 3x$

　　　　$\dfrac{1}{3} \times x = \dfrac{1}{3}x$　　　　$a \times b \times c = abc$

(2) 数と文字の積では，数を文字の前におきます。

　　例． $a \times 2 = 2a$　　　　　　$x \times 4 = 4x$

　　　　$5 \times a \times b \times 2 = 10ab$　　　$(-9) \times (x-y) = -9(x-y)$

　　　　$(x-y) \times \dfrac{3}{4} = \dfrac{3}{4}(x-y)$

(3) 1，−1と文字の積では，1を省略します。

　　例． $1 \times a = a$　　　　　　$(-1) \times a = -a$

　　　　$a \times b \times (-1) = -ab$

エキスパート活動のプリント(B)

文字式（文字式の表し方）　　　1年　氏名（　　　　　　　　　）

文字式の表し方２

文字式には，次のような決まりごとがあります。

【決まりごと】
○ 同じ文字の積は，累乗の指数 を使って表します。

例． $a \times a = a^2$　　　　$a \times a \times a = a^3$

$x \times x \times x = x^3$

$a \times a \times a \times a \times a = a^5$

$a \times a \times a \times b = a^3 \times b$

※乗法の交換法則を使うと，こんなことも出来るよ！

$x \times y \times x \times y \times x = x \times x \times x \times y \times y = x^3 \times y^2$

$x \times x \times y \times x \times y \times x = x^4 \times y^2$

また，$x \times x \times x + y \times y$ は，$x^3 + y^2$ と表します。

$a \times b \times a + b \times c \times b = a^2 \times b + b^2 \times c$

$a \times b \times a + b \times c \times c = a^2 b + bc^2$

$x \times y \times x - x \times y \times y = x^2 \times y - x \times y^2$

エキスパート活動のプリント(C)

文字式（文字式の表し方）　　1年　氏名（　　　　　　　）

文字式の表し方3

文字式には、次のような決まりごとがあります。

【決まりごと】
　○ 文字式では、除法の記号 ÷ を使わずに、分数の形 で表します。

　　　例． $a \div b = \dfrac{a}{b}$ 　　　　　　 $1 \div a = \dfrac{1}{a}$

　　　　　 $x \div 2 = \dfrac{x}{2}$ 　　　　　　 $4 \div a = \dfrac{4}{a}$

　　　　　 $(x-1) \div 7 = \dfrac{x-1}{7}$ 　　 $(a+b) \div x = \dfrac{a+b}{x}$

※分母に、−（マイナス）の符号があるときは、分母の−を分数の前に書きます。
　（分子に、−の符号があるときは、分子のまま、または、分数の前に書きます。）

　　　例． $a \div (-6) = \dfrac{a}{-6} = -\dfrac{a}{6}$,　 $-2 \div x = \dfrac{-2}{x} = -\dfrac{2}{x}$
　　　　　　　　　　×　　〇　　　　　　　〇　　〇

　　　$y \div (-5) = -\dfrac{y}{5}$

　　　　　$\left(\dfrac{y}{-5} と表すのでなく、分母の-を分数の前に出します \right)$

　　　$-x \div 6 = \dfrac{-x}{6}$ 　または、 $-\dfrac{x}{6}$

　　　$2x \div (-3) = -\dfrac{2x}{3}$

　　　　　$\left(\dfrac{2x}{-3} は、分母の-を、分数の前に出します \right)$

　　　$(x-1) \div (-7) = -\dfrac{x-1}{7}$

ジグソー活動のプリント（1，2班用）

文字式（どんな数量を表しているかな）　（　　　　　　　　　　）

縦の長さが x cm，横の長さが y cm の長方形があります。
次の式はどのような数量を表していると考えられますか。
また，そう考えた理由を書きましょう。

$2x + 2y$

底面の縦と横の長さが a cm，
高さが h cm の直方体があります。
次の式はどのような数量を表していると考えられますか。
また，そう考えた理由を書きましょう。

$(a+a+a+a)h + a^2 + a^2$

ジグソー活動のプリント（3，4班用）

文字式（どんな数量を表しているかな）　（　　　　　　　　　　）

縦の長さが x cm，横の長さが y cm の長方形があります。
次の式はどのような数量を表していると考えられますか。
また，そう考えた理由を書きましょう。

　$x+y+x+y$

底面の縦と横の長さが a cm，
高さが h cm の直方体があります。
次の式はどのような数量を表していると考えられますか。
また，その単位も答えましょう。

　$2a^2+4ah$

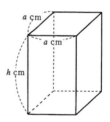

ジグソー活動のプリント（5,6班用）

文字式（どんな数量を表しているかな）　（　　　　　　　　　　　）

縦の長さが x cm，横の長さが y cm の長方形があります。
次の式はどのような数量を表していると考えられますか。
また，そう考えた理由を書きましょう。

$2(x+y)$

底面の縦と横の長さが a cm，
高さが h cm の直方体があります。
次の式はどのような数量を表していると考えられますか。
また，そう考えた理由を書きましょう。

$a^2+ah+ah+a^2+ah+ah$

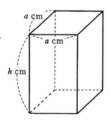

3 │ 実践者の声（安芸太田町立戸河内中学校　丸山智教諭）

▌「知識構成型ジグソー法」の授業の手応えは？

　数学が苦手な子にとって「聞くチャンス」がすごく多くなります。ほぼ一対一で聞きたいときに質問ができるというのは，一斉授業では絶対ないことですよね。3人班だったら「ねぇ，これどうなの？」と自然に聞くことができます。また，だんだんこうした授業を繰り返していくと，自然と同じ班の子が苦手な子に対して「ここ分かっていないでしょ？」と言って教えてくれるような場面も増えてきているなと実感しています。

　また，この授業では，すでに理解している生徒も誰かに教えることで意欲が高まるというのがいいですね。普段の授業の中で問題が解けている生徒が分かっているようで実は分かっていなかったりすることも多いです。このパターンはできても，別のパターンはできないっていうのが実は結構あります。こうした生徒が仲間に教えたり，考えを出し合って一緒に問題にチャレンジすることを通じて，「なんでか」って根拠が分かったり，それによってさらに難しい問題を解くことができる様になります。

　また，生徒同士話しているうちに，私が次にやろうと思っていることが「この場合はどうなるの？」という新たな問いとして生徒から自然に出てくることもあります。今回の授業であれば，「円錐の場合だったらどうなるの？」といった感じですね。

▌授業づくりにあたってのポイントは？

　授業づくりにあたって最初に考えるのは，私自身教えるのが苦手なところ，テストをやったときに生徒ができないところはどこかなということですね。その内容を大きく3つに分けて，「最初にこれを教えるよね」「次にこのこともおさえないといけないよね」「で，あとはこれかな」というのをだいたい3つに分担したら授業がつくりやすいかなと思います。

　あとは，プリントの作成にあたって，できるだけシンプルにすることを心

がけています。数学はもともと言葉が難しいです。例えば，今回の授業で言えば「成り立つ」とか「数量」なんていう言葉も，生徒のグループでの会話を聞いていると，1年生の生徒にとっては結構難しかったりするんだなということが分かります。

　教科書から離れてはいけないな，と思っていろいろと情報を詰め込んだプリントをつくっていたこともあるのですが，あまりうまくいきませんでした。ですので，そういった例えば専門用語などは次時以降の授業でおさえることができると考えて，エキスパート活動のプリントを作るときは，ねらいのところだけをまずシンプルに伝えることを心がけるようにしています。

　また，今回の授業では，クロストークをより効果的なものにすることをねらって，それぞれのジグソー班が取り組む課題を少しずつ異なったものにしました。数学の授業の場合，問題によってはどうしてもクロストークのときに各班から出てくる考えが似たようなものになって，生徒が聞くほうに集中しにくくなってしまうことが課題でした。今回はちょうど，文字式に複数の表し方があるよということもねらいだったので，あえて各ジグソー班が正方形の周囲の長さについて異なる形で表した文字式について考える設定にして，クロストークで生徒の理解がさらに先に進むことをねらいました。

これからこの授業に取り組んでみようと思っている先生方に一言

　まずは他の先生が作った教材でこれならできそうだなと思ったものを試してみる，それでもっとこうした方がよいなと思ったところをアレンジしていくような形で実践をはじめてみられるのがよいと思います。

　あとは，私の場合もそうなのですが，これまでの授業であまりうまくいっていなかったところで試してみることかなと思います。そうすると，生徒たちの会話の中から「あぁ，この言葉が分かるポイントだったのか」とか「意外とこんなところが分かっていなかったのか」というのが見えてくるだろうと思います。

1年 資料の散らばりと代表値

実践例2

身近なデータを数学的に整理・分析しよう

1 実践の概要と成果

(1)授業のデザイン

　本節で取り上げる実践は，沖縄県の琉球大学教育学部附属中学校仲松教諭によって1年で実践された「資料の散らばりと代表値」の授業である。

　授業は，単元の15／16時間目として1コマ（50分）を使って実践された。

　授業のデザインを表3に示す。ポイントは，単元のまとめの段階で，これまで教わったことを自分で活用しながら，具体例と結びつけて深く理解することを促す課題設定である。授業では，ヒストグラムの定義やかき方，中央値の求め方などを解説し，練習問題を解いて実際にヒストグラムを読み取ったりデータから中央値を探したりする活動などを行っている。しかし，こうした形で一通りの授業を終えても，いざ具体的なデータに接したとき，教わったデータ整理の手法を活用して，根拠を持って情報を読み取ることは生徒たちにとって簡単ではない。実践者は，授業前の単元の定着テストの結果から，そうした問題意識を見いだし，本時を設定した。

　課題は，学力テストの点数と勉強時間の関係という生徒に身近な素材の選択，ある程度量の多い複雑なデータの提示，資料を見たお母さんの発言の妥当性を検討する文脈の設定という3つの工夫によって，生徒にとってゴールイメージを描きやすく，なおかつ分析や整理の必要性を実感しやすい発問に具体化されている。エキスパート活動では，クラウド上の統計処理ソフトでデータを整理・分析した。ジグソー活動では，作成した資料を持ち寄ってお母さんの発言に対する自分たちの意見を説得力を持って説明するためのグラフや表をホワイトボードを使って改めて作成した。クロストークでは，「評価のみどころ」のシートを用い，グラフや表の使い方を互いに評価し合いな

がら，各班の意見を比較検討した．

表3 「資料の散らばりと代表値」の授業デザイン

課題	「ある学級の全国学力・学習状況調査結果」と題された資料（30人分の生徒の国語，数学の点数，合計点，勉強時間の一覧）と，資料について話すお母さんの発言を示し，お母さんの言っていることの妥当性について仮説を立てて，検証する． <お母さんの発言> 「国語が良い点数の子は，数学も良い点数のようだわ！ 両方頑張っている子が多いわね！」「きっと，学校の授業以外に普段の１日あたりの勉強時間が長いからよ」「ちょっと，成績の良い子はどのように勉強しているのか 少しくらい考えてみたら？」
エキスパートA	国語の点数と勉強時間の関係を，生徒用統計ソフトでヒストグラムにする．
エキスパートB	数学の点数と勉強時間の関係を，生徒用統計ソフトでヒストグラムにする．
エキスパートC	円グラフや帯グラフ，相関表など様々なデータ整理の形式について，生徒用統計ソフトで確認する．
期待する解答の要素	・国語の点数の良い人は，数学の点数も良い傾向があることを，資料の整理から同定する． ・点数の良い人の勉強時間は必ずしも長いとは言えないことを，資料の整理から同定する． ・上記２点に基づいて，成績と勉強の関係を論理的に説明する．

(2)学習成果―授業前後の理解の変化から―

表4　授業前後における生徒の記述（原文ママ・下線は引用者）

生徒	授業前	授業後
1	資料を、パッと見ると国語と数学の合計点数の高い人は、勉強時間が2時間～3時間と答える人が多いように感じる。	授業のはじめは、どれとどれを比較すれば良いか、最初は分からなかったけどクロストークで相手の発表したことを理解しようとしながら聴くことで、自分の中に新しい考えが出てきた。最初に立てた仮説は、資料を整理していく中で根拠が見えたので当たっていると確信が持てた。
2	一番合計の高い人（MAX）でも、勉強時間が3時間以上でないのでお母さんのいっていることは正しくないと思う。	最初に自分で建てた仮説は、資料を整理していくと平均値や中央値などの具体的な値が分かることで、考えが変わった。お母さんは、学級の傾向を言っているので私のようにトップの人にばかりに目がいってしまうと判断を見誤ってしまうと感じた。クロストークで他者の意見を聴くと似たような結論でも、関連付けるグラフや数値の値がそれぞれ異なっていた。他のグループの分かりやすい説明を聞いて自分の仮説や説明資料にも自信が持てた。
3	一番成績がいい子でも、3時間以上勉強していないので、お母さんが言っていることは正しくないと思う。	私と似たような結論の発表の中に、そこから「短い時間でも集中して勉強しているのではないか？」という推測したグループもいたのですごいなと感じた。今日、自分たちは散布図で仮説の妥当性を表そうとしたが、ほかのやり方でグラフに表す方法も知ったので、色々なグラフを活用して結論付けられるようになりたいです。

表5 授業から2カ月後の保持確認テストでの解答例（原文ママ）

> 2ヵ月前にやって，お母さんは正しいか正しくないかわからなかったけど，友だちの説明でよくわかりました。中央値を求めて72点とわかり，2時間勉強した人でも92点や88点の人もいるけど低い点数の人もいることが分かって，4時間勉強しても低い点数の人もいました。特にT君の説明は，中央値を超えている人といない人でわけてあったのでわかりやすかったです。

　表4は，3人の生徒について，授業の最初に各自でつくった「予想・仮説」と，授業後に書いた「今日わかったこと・感想」を比較してみたものである。これに基づいて，学習成果を確認してみたい。

　どの生徒も授業前は，パッと見の印象や自分が着目したひとつの事実に頼って予想・仮説を述べており，感覚的な説明となっている。対して授業後には，下線部のように，平均値や中央値及びそのグラフ化によって資料を整理した結果を根拠として論理的な説明を行うことの重要性に気づいていることがうかがわれる。ちなみに生徒1は「国語と数学の合計が平均点以上の人の勉強した時間」を表すヒストグラム，生徒2は「国語と数学の両方の中央値を超えた人の勉強時間」を表すヒストグラム，生徒3は「数学の点数と国語の点数の相関」を見る分布図を用いた説明をそれぞれ行っており，期待する解答の要素2つを押さえた説明となっていた。

　さらに，実践者は理解の保持状況の確認も行っている。授業から2ヵ月後に生徒が本時で作成した説明資料を返却し，資料（グラフ等）を見ながら改めてデータについて説明してみるとともに，本時の学習を思い出して感想を書くという課題に取り組ませたのである。その結果，本時の学習よりも質の高い説明をできる生徒が多かったという。表5には，保持確認テストでの生徒の解答例を示す。「中央値」という概念が授業で提示した具体的データと結びついたことで可搬性のある知識として定着していることがうかがわれる。

(3)実践を振り返って
①授業における生徒の学び
　本時における生徒の学びから，教わったことをいつでも使える知識として身につけるには，自分自身でことば（言葉，図や表，文）にしながら考える機会が有効であることが示唆される。本時は単元のまとめの段階であり，本時の前の段階でも，生徒たちの単元内の用語や記号など抽象的な学習事項の定着率はよかったとのことであった。しかし，授業開始時の課題に対する考えを見ると，多くの生徒が主観的，感覚的に資料を読み取っており，数学での学習事項は活用されにくかった。他方，授業後には，多くの生徒が平均値や中央値の算出やヒストグラム等による資料整理の結果を根拠に，データを論理的に解釈できていた。生徒たちは課題解決を目指すやりとりの中で，既習の抽象的な知識を活用し，具体例について説明をつくることができた。抽象的な知識と具体例が，ことばを介して結びついたものと考えられる。保持確認テストの結果は，こうした経験が，長期的に残り，必要に応じて活用できる形で知識を身につけるために有益であることを示唆している。
②考察
　この授業を受けた生徒は，入学選抜を経ているわけではないが，目的意識を持って入学しており，普段の授業においても比較的学習意欲は高い。しかしそうした生徒であっても，教師が「教えた」ことを柔軟に活用することは簡単ではないことが授業前の実態から見えてきた。
　生徒が問題を解けている，用語などの学習事項を覚えているということと，彼らが単元で学んだ内容を深く理解し，活用できる状態になっているということとをいったん分けて考え，前者が達成できているような生徒たちにとっても，後者は十分取り組みがいのある，深める余地のある課題になり得るのだということを認識しておく必要があるだろう。
　こうした認識は，協調学習の授業デザインで重要な生徒が「一人では十分な答えが出ないかもしれない」と実感できるような課題設定の幅を広げることにもつながるはずである。

2 | 授業案及び教材

「知識構成型ジグソー法」を用いた協調学習授業　授業案

学校名	琉球大学教育学部附属中学校	授業者	仲松　研
授業日時	平成27年11月7日	教科・科目	数学
学年・年次	1年	児童生徒数	40
実施内容	資料の散らばりと代表値	本時／時数	15／16

授業のねらい（本時の授業を通じて児童生徒に何を身につけてほしいか，このあとどんな学習につなげるために行うか）

　本時の学習内容は，自分の立てた仮説の正当性を示すために各自の考えを論理的にまとめ，最終的に他者が納得することができるような資料を作成し，説明を行う数学的活動が中心である。一連の学習活動の中で生徒は，目的に応じて適切で能率的な資料の分析や，手持ちの資料の値を合理的に処理する必要性を感じるであろう。この学習活動の肝は，「知識構成型ジグソー法」をとおして他者と協力しながら個々の考えを深めることである。他者と一緒に考えを深めるには，論理立てた思考過程を分かりやすく表現することの重要性に気づかせ，活動を通して生徒が自分なりの根拠を持って説明する態度をはぐくみたいと考える。

メインの課題（授業の柱となる，ジグソー活動で取り組む課題）

　学力調査の成績は，学校の授業以外の勉強時間と関係があるのか？

児童生徒の既有知識・学習の予想（対象とする児童生徒が，授業前の段階で上記の課題に対してどの程度の答えを出すことができそうか。また，どの点で困難がありそうか）

　生徒は，家庭学習の取組みと学習成績が深く結びついていることは直感的に理解している。そこで，ある調査問題に対して"良い成績の生徒"はどのくらいの点数を取る生徒ですか？その生徒は，どのくらいの時間勉強しているでしょうか？また，家庭学習をどのように取り組んでいると思いますか？といった質問をした場合，様々な生徒なりの具体的な仮説が飛びかうであろう。しかし，あるクラスの整理されていない学力調査のデータを提示し同様の質問をした場合，クラスに沈黙が続くであろう。そのとき，生徒は先ほど述べていた仮説がいかに根拠のないものであったのかと気づくからだと考える。そこで，仮説に対して根拠を持って説明するために，学級のデータを統計処理ソフトで整理・分析し，どの代

表値で，どのグラフを使って説明するのかという選択が学習のポイントになるであろう。

期待する解答の要素（本時の最後に児童生徒が上記の課題に答えるときに，話せるようになってほしいストーリー，答えに含まれていてほしい要素。本時の学習内容の理解を評価するための規準）

①国語の点数の良い人は，数学の点数も良い傾向があると資料を整理（ヒストグラム・相関表・その他）することから分かる。
　※2つの教科の良い点数を定義づけたか？
②自分たちでつくった資料から，国・数の点数が良い人の勉強時間は必ずしも長いとは言えないと抽出・区別して結論づける。
　※国・数の点数の良い生徒を抽出・区別することができたか？
③「学校や家庭での学習に対してダラダラではなく集中して取り組んでいるのではないかと思われる」といった，経験に即したまとめを行う。
　※分析した結果から，結論をまとめることができたか？

各エキスパート＜対象の児童生徒が授業の最後に期待する解答の要素を満たした解答を出すために，各エキスパートで押さえたいポイント，そのために扱う内容・活動を書いてください＞

A　「国語データをwebでヒストグラムにする」
　ヒストグラムから，下に外れ値があるので平均値よりも中央値や最頻値を根拠に考えた方がよさそうだ。
B　「数学データをwebでヒストグラムにする」
　ヒストグラムから，高得点者が多いので中央値よりも平均値や最頻値を根拠に考えた方がよさそうだ。
C　「グラフ資料の選び方」
　質的データを整理し他者に説明する資料は，ヒストグラム以外にも円グラフや帯グラフ，相関表などを用いても作成することができる。

ジグソーで分かったことを踏まえて次に取り組む課題・学習内容

　生徒は，自分の仮説の妥当性をグラフや表を使って説明する。活動後は，それぞれのグラフや表などに対して，相違点や類似点があることに気づくであろう。次時は，個々の成果物に対するジグソー活動を行い，統計的な見方・考え方の高まりにつなげたい。

本時の学習と前後のつながり

時間	取り扱う内容・学習活動	到達してほしい目安
これまで	棒グラフ・折れ線グラフの読み方・書き方（小学4年） 円グラフ・帯グラフなど目的に応じて活用（小学5年） 資料の平均や度数分布を表すグラフ（小学6年）	日常には様々な資料があふれている。その資料を様々なグラフに整理することで，諸問題を算数・数学をとおして考える。様々なグラフを作成・活用しながら，それぞれの長短を知る。
前時	資料の活用① 各学級の家庭学習時間のデータから分かること	平均値は，外れ値の影響を受けるので学級の様相を表しているとは言えない場合がある。外れ値の影響を受けない，中央値・最頻値を採用して集団のデータを比較・吟味する場合もある。
本時	資料の活用② 3年○組の学力調査の成績は，学校の授業以外の勉強時間と関係があるのか？	仮説の妥当性を説明するためデータを効果的に抽出しなければならない。そのとき，ある値を決めてデータを取捨しなければならない。そこで，資料からヒストグラムを作成して学級の様相を表す適当な代表値を選択する。また，複数の情報を選択・加工した様々な資料から根拠を持って自分なりに説明する。
次時	資料の活用③ 様々な資料から学習成績と学習時間の関係を考えよう！	同じ結論でも，根拠になる値が変わることで採用するグラフや説明の内容が変わってくる。
このあと	簡単な標本調査を行い，母集団の傾向を捉え説明する（中学3年）	収集した資料が全体の一部の場合，その資料からどのように全体について分かるのかを考える。

上記の一連の学習で目指すゴール
与えられた大きな情報から，他者に自分の仮説の理由を説明する場合，効果的にデータを抽出しなければならない。その際，どのような定義づけで抽出したのかという根拠の値が大事である。その根拠となる値を，資料を整理するために作成したヒストグラムから３つの代表値と関連づけて理解する。また，説明するグラフは小学校で学習した円グラフや帯グラフなど他のグラフと関連づけて効果的な説明を考える。

本時の学習活動のデザイン

時間	学習活動	支援等
4分	導入の発問 　「学力調査の成績は，学校の授業以外の勉強時間と関係があるのか？」 資料提示：３年〇組の学力調査データ 〇上記の質問を再度行う。 〇本時の活動の流れを確認する。	〇自由な雰囲気で述べてもらう。 〇根拠のない返答が想定される。 〇整理されていない資料から根拠を探すことは難しい。 〇散らばった資料を提示したら，どうして，予想することは難しいのかを考えさせる。
3分	予想させる：ペアーで仮説を考える。	
10分	エキスパート活動 〇webソフトを活用して資料を整理する。 〇それぞれの資料の傾向を捉え，必要な情報を取り出し，自分たちの仮説を説明できる資料を作成する。	〇学級の様相を表す代表値を決める。 〇webソフトの使用後は，パソコン上のワークシートをプリントアウトする。

14分	ジグソー活動 ○手持ちのシートに他者に説明できる新しいグラフを作成する。 ○自分たちの仮説に対する結論をまとめる。	○どの代表値を使って複数のデータをまとめるかを決めさせる。 ○抽出するために使った数値の根拠や，グラフ上の数値を説明できるように準備させる。
14分	クロストーク ○各グループでできあがった資料をもとに，それぞれの中身を説明してもらう。	○分かりやすい説明か？ ○根拠がしっかりとしており，みんなが納得できる結論か？ ○発表する様子は適当か？
5分	一人になる活動 ○他の意見を聞いて自分の仮説の変更や修正がないかを考える。	○仮説の修正や変更をとおして自分の考えを強化する。 ○他者の発表のよい点を学ぶ。

グループの人数や組み方

○授業当初（problem）（plan）は，個人で予想させ課題把握を行い，課題に対する仮説をペアーで考え，妥当であるかをお互いで話し合う。
○エキスパートは，個別活動で情報収集・データの加工を行う（data）。
○ジグソー活動は，持ち寄ったデータを突き合わせ分析する（analysis）。
○クロストークは，各班で発表する（conclusion）。
○一人になる活動は，本時の振り返りを行い各自で仮説の修正・変更を行う。

課題提示と予想で使うプリント（A3半面）

「お母さんの言っていることは、正しいと言えますか？」

1年　組　番　氏名（　　　　　　　　　）

ある学級の全国学力・学習状況調査結果の資料

番号	名前	国語A	国語B	数学A	数学B	国語合計	数学合計	合計	勉強時間
1	あ	22	7	24	6	29	30	59	②
2	い	24	5	26	7	29	33	62	②
3	う	24	5	19	3	29	22	51	①
4	え	31	8	36	14	39	50	89	②
5	お	31	9	31	11	40	42	82	②
6	か	24	8	31	9	32	40	72	②
7	き	31	8	28	10	39	38	77	④
8	く	31	6	22	6	37	28	65	②
9	け	32	8	31	10	40	41	81	④
10	こ	25	7	26	6	32	32	64	②
11	さ	28	4	22	6	32	28	60	③
12	し	28	6	26	5	34	31	65	①
13	す	31	9	36	15	40	51	91	②
14	せ	17	6	17	4	27	21	48	②
15	そ	32	7	25	9	39	34	73	②
16	A	26	7	27	6	33	33	66	①
17	B	26	4	20	4	30	24	54	③
18	C	27	7	29	7	34	36	70	②
19	D	32	7	32	11	39	43	82	②
20	E	26	8	31	13	34	44	78	②
21	F	30	8	27	9	38	36	74	①
22	G	29	8	25	8	37	33	70	③
23	H	30	7	32	11	37	43	80	②
24	I	28	8	32	11	36	43	79	④
25	J	32	8	32	12	40	44	84	①
26	K	23	9	19	8	32	27	59	③
27	L	23	6	22	6	29	28	57	③
28	M	32	9	32	11	41	43	84	①
29	N	32	7	33	6	39	42	81	②
30	O	27	7	29	6	34	35	69	①
満点		33	9	36	15	42	51	93	

学校の授業以外に，普段（月曜日から金曜日），1日当たりどれくらいの時間，勉強をしますか。（学習塾で勉強している時間や家庭教師の先生に教わっている時間も含みます。）
①3時間以上
②2時間～3時間
③1時間～2時間
④30分～1時間
⑤0分～30分

お母さんが、全国学力学習状況調査問題のある学級の結果資料（上の資料）を見て言いました。

「国語が良い点数の子は、数学も良い点数のようだわ！両方頑張っている子が多いわね！」

「きっと、学校の授業以外に普段の1日あたりの勉強時間が長いからよ」

「ちょっと、成績の良い子はどのように勉強しているのか　少しくらい考えてみたら？」

Q. 母さんの考えを聞いて、「おや？」「あれっ？」「おかしいな」と疑問に感じた箇所に<u>アンダーライン（マーカー）</u>を入れてください。
　　　※お母さんの言っている事が、すべて正しいと思った人は会話文全体に花丸を描いてください。

"あなた"や"グループ"の予想・仮説
（例．お母さんの発言した○○の部分は正しい、資料を～について整理すると　～が分かり　～が言えると思う）

何を調べたら、あなたのグループの考えた仮説の正当性が明らかになりますか？
調べる事柄・どのような手順・まとめ方などをグループで作戦会議して下さい。

エキスパート活動，ジグソー活動，クロストークで使うプリント（A3半面）

資料の散らばりと代表値⑯

エキスパート活動（あなたの予想・根拠づける資料をグループ活動で分担して作成します。）
（　　　　　　　　　）についての資料を作成しました。

☆作成した資料の画像を貼り付けてください

この作業を終えたらプリントアウトします。

ジグソー活動（自分の作成した資料を持ち寄って、グループの中で吟味・検討を行います。→新しい資料の作成）
※ホワイトボードにグループの考えをまとめた新しい資料を描いてください。
　→　手描きで完成したグループの作品は、写真を撮りますので先生に声をかけてください。
※パソコンで新しい資料を作成し、プリントアウトして提示する場合は、先生に声をかけてください。

クロストーク
（　　　　　　　　　）グループの発表を聴いて記入

	評価のみどころ	○をつけて　評価してください
1	ジグソー活動で作成した資料について。	S. 根拠を示すために、複数のデータを工夫して簡単なグラフ・表にまとめている A. 根拠を示すために、グラフや表にまとめている B. データをグラフや表にまとめている
2	作成した資料から出た結論について	S.仮説を整理された資料から結論づけ、今後の自分に活かすことを考えている A.仮説を整理された資料から皆が納得できるように結論づけている B.仮説を整理された資料から自分なりに結論づけている
3	発表の様子について	S.資料の根拠を明確にして、代表値などを使ってわかりやすく説明している A.根拠もとに作成した資料を説明している B.作成した,資料を自分なりに説明している
コメント	※自分たちの作成した資料や発表した場合の内容と比較しながら記入します。	

一人になる活動（今日わかったこと・感想）

3 | 実践者の声（沖縄県琉球大学教育学部附属中学校　仲松研教諭）

「知識構成型ジグソー法」の授業の手応えは？

　数学の大きな課題として、学習指導要領の中にある数学的な活動の充実があります。簡単にいうと、数学に関する主体的な学習で、①説明する②発見する③利用する、です。「知識構成型ジグソー法」では、1つの教材でこの3つを同時に行うことが出来ます。しかも、比較的短い時間で完了します。

　生徒がゼロから答えを作っていく探究的な活動で深い学びが実現できれば理想ですが、現状では時間の面で難しいところもあります。「知識構成型ジグソー法」については「エキスパートで視点を与えてしまうことの是非」も議論になりますが、与えられた年間140時間の中で生徒に最大限の利益を還元したいと考えると、もちろん全部を与えないにしても、生徒が主体的に学んでいく際の視点を与えるところは教師の役割かなと考えています。

　また、数学の授業では、解を創りあげる授業に目が行きがちですが、出来上がったものをどのように比較・吟味して評価するかという観点も大変重要だと思っています。その点で、「知識構成型ジグソー法」で出てくる多様な解は、生きた教材として最高です。

　この授業では、生徒は自分の考えを言うためには相手の考えを論理的に聞かないといけません。ですから、こうした授業を重ねていくことで聞き方が変わってきているように感じています。授業の中で多様な考えが出てきますが、より簡潔明瞭、的確に述べているのはどれか、というのを自分の中で再考していくような聞き方です。

　また、こうした変化が全員に起こる、起こらざるを得ないというのが大きなポイントですね。一斉授業だと、一部の生徒がワーッと言って、それを追随していくような形になりがちですが、「知識構成型ジグソー法」では全員が比較検討や捉えなおしをしていけるところによさがあります。

授業づくりにあたってのポイントは？

「知識構成型ジグソー法」の授業づくりについては、2年前に、「駆動質問から始まる数学的活動」としてまとめました。私は、ジグソーの授業が出来るかどうかは、駆動質問を作れるかどうかで判断します。4つの観点を含むものを駆動質問としました。「①答える価値がある：実生活に活かせそう・真正な教材等」「②建設的相互作用：よりよく工夫・加工できるか？」「③対話の必要性：複数の視点が必要になる、協力しなければ解けない等」「④ジャンプする課題：解きごたえがある、授業後に成長を感じられる等」です。

「知識構成型」と言っているんだけど、知識を習得させるためにどんな風に思考させるのか。みんなと話し合わないといけない場をどう作るか。違いが生きるような課題でないと、原理に近づいた子に引っ張られるような学習になってしまいがちです。ですから、生徒の違いが生きて思考を引き出せるような駆動質問が作れる場面で実践されるのがポイントだろうと思います。

今回の授業に関しては、どんな表現の仕方が妥当で、何を根拠にどんな判断をするのかの決まった答えがない課題であったことが学びの深まりにつながったと思います。より説得力のある表現はどんなものか、授業者も含めて探究できました。また、今回とは違って結論が一つになるような授業の場合でも、その結論に結びつく根拠は一人ひとり多様なんだというのを意識して、それを引き出すために生徒にゆだねることが大事だなと感じています。

これからこの授業に取り組んでみようと思っている先生方に一言

数学のプロセスでは、明瞭・簡潔・的確が大事になります。その一方で、一部の出来る子が結論を導き、活躍して終わりの授業になりがちです。全員が主体的に数学的な活動を行うために、先生も何が最適解か分からないような場面を設定し、多様な意見を出し合い、どのように分析するか吟味していくような授業がしたい。でも、そういった場づくりは難しいです。

「知識構成型ジグソー法」では、比較的手軽に、そのような場を作れます。まさに21世紀にふさわしい教授方法だと確信しています。

2年 連立方程式

実践例3

3元1次方程式の文章問題にチャレンジしよう

1 実践の概要と成果

(1)授業のデザイン

　本節で取り上げる実践は，広島県の世羅町立世羅西中学校宮岡教諭によって2年で実践された「連立方程式」の授業である。

　授業は，連立方程式の単元のまとめとして1コマ（50分）を使って実践された。通常は発展課題として取り扱う「3元1次の連立方程式」を想定させるような文章問題を探究することをとおして，それまでに学習してきた連立方程式の立式と解法を見直し，ポイントを自覚させることをねらった。

　授業のデザインを表6に示す。ポイントは，内容と提示の仕方の両面で手応えのある課題を設定した点である。課題は既習事項を活用すれば授業前の時点で解答できるものである。しかし，未知数が3つという新規な条件と，2人の人物のやりとりや表を用いた課題提示の工夫により，「対話や表から必要な情報を見つけ出し，情報を式に置き換え，既習事項と結びつけながら連立方程式に整理し，解く」という一筋縄ではいかないプロセスがつくり出されており，生徒たちが十分な手応えを実感できるものとなっている。

　導入では，課題の意味理解でつまずかず，問題の本質的な部分を考えることに集中できるよう，教師がスライドを使って2人の人物のやりとりの流れを確認した。その後，3分間個人で課題に取り組んだ後，エキスパート活動に移った。エキスパート活動は，既習事項である連立方程式の立式と解法を3つの観点から確認するものであった。3つの情報を組み合わせると，勝ち／引き分け／負けの試合数を文字を使って表し，使った文字数に応じた方程式を立て，解いて課題の答えを求めることが可能となる。ジグソー，クロストークの後，もう一度3分間を使って個人で課題に取り組み，授業を終えた。

表6 「連立方程式」の授業デザイン

課題	サッカー大好きなAくんとサッカーを知らないBさんが,サンフレッチェ広島についての話をしています。 Aくん:「去年のサンフレッチェ強かったよね。」 Bさん:「そうなんだぁ。どれぐらい強かったの?」 Aくん:「えっ。知らないの? 優勝したんだよ。年間勝ち点が1位だったし、年間勝ち点の多かった3チームでチャンピオンシップのトーナメント戦をして、優勝したんだよ。」 Bさん:「そうなんだ。強かったんだね。ところで、その年間勝ち点ってどうやって決めるの?」 Aくん:「勝ち点は、試合に勝ったら3点、引き分けたら1点、負けたら0点の勝ち点が与えられるんだけど、勝ちと引き分けと負けの数がそれぞれ何試合だったかわかる?」 Bさん:「それって、この勝敗表だけでわかるの?」 Aくん:「う~ん。これだけでは、わからないなぁ。だけど、負けた試合が引き分けた試合より1試合多かったんだよ。これなら、勝ち、引き分け、負けが何試合あったか、求めることができるよ。」 Bさん:「どうやって解こうかな……。わかった!」 Bさんは、勝ち、引き分け、負けがそれぞれ何試合だったか、どのようにして求めたのでしょう。
エキスパートA	連立方程式を使って文章問題を解くとき、求めたいものの種類に応じて、使う文字の数と、つくる式の数が決まることを例題で確認する。
エキスパートB	方程式の解を1つに決めるためには、「文字の数」と「方程式の数」は同じ数だけ必要であることを、1元1次と2元1次の方程式の比較で確認する。
エキスパートC	「加減法」と「代入法」の手順を復習し、連立方程式を解くときに「加減法」や「代入法」を使うのは、文字を消去し、文字の数を少なくすることで求めることができることを確認する。
期待する解答の要素	試合数、勝ち点、負け試合数と勝ち試合数の差に着目し、3元1次もしくは2元1次の連立方程式をつくり、勝ち／引き分け／負けがそれぞれ何試合かを求める。

課題内の図表:

優勝
4 ─── 3
第1戦 3-2
第2戦 1-1
1 ─── 3
広 島 浦 和 G大阪
年間勝ち点 年間勝ち点 年間勝ち点
[1位] [2位] [3位]

2015年Jリーグ勝敗表

順位	チーム	試合	勝数	引分	敗数	勝点
①	広 島	34	?	?	?	74
②	G大阪	34	18	9	7	63
③	浦 和	34	21	9	4	72
④	FC東京	34	19	6	9	63
⑤	鹿 島	34	18	5	11	59

(2)学習成果―授業前後の理解の変化から―

　授業前後に1人で問題を解かせたときの解答に基づいて，学習成果を確認してみたい。授業を受けた生徒は17人である。表7は期待する解答の要素を規準に，授業における学習成果を評価したものである。授業前は，完答できた生徒は1人だけであったところから，生徒たちにとって課題の難易度が高かったことが分かる。対して授業後には，65％もの生徒が時間内に完答できたところから，本時の学習成果は高いものであったと言える。完答ができなかった生徒の内訳は，「適切な連立方程式をつくったが，解けなかった」生徒が3人，「連立方程式をつくろうとしたが，完成できなかった」生徒が3人で，無解答の生徒は0人となっている。授業をとおして，ほぼすべての生徒が実践者の期待する方向へ向けて学習を進めることができたと言える。

　あわせて，表8に，3人の生徒について授業前後の解答の実際を示した。KさんとFさんを比較すると，完答した生徒にも考え方の違いがあるところから，問題の解き方を思考し，解法を編み出すプロセスが生まれていたことが想定される。Kくんは完答には至ってないが，無解答の状態から，試合数と勝ち点については正しく立式し，負け数と引き分け数の差という3つ目のポイントにも着目できているところから，授業をとおして大きく理解が深まったことを確認できる。このように自力で単元の本質的内容について理解を深める経験は，今後の授業や練習問題に取り組むための基盤として欠かせないものであり，大きな学習成果であると評価できる。

表7　「連立方程式」の授業における学習成果（N＝17）

		授業前	授業後
3	適切な連立方程式をつくり，解けた（完答）	1	11
2	適切な連立方程式をつくったが，解けなかった	0	3
1	連立方程式をつくろうとしたが，完成できなかった	10	3
0	無回答	6	0

表8 授業前後における生徒の記述

生徒	授業前	授業後
Kさん	(何とか式をつくろうとするが，正しくない) 勝ちを x 回，負けを y 回，引き分けを a 回とする。 $\begin{cases} x+y+(y-1)=34 \\ 3x+a=74 \end{cases}$	(3元1次の連立方程式で解くことができた) 勝ちを x 回，引き分けを y 回，負けを z 回とする。 $\begin{cases} x+y+z=34 & \cdots① \\ 3x+y=74 & \cdots② \\ z=y+1 & \cdots③ \end{cases}$ の3元1次の連立方程式をつくり，まず，①と③の式から z を消去した。その式と②の式を代入法で解き，y の値を求めた。 答え：勝ち23，引き分け5，負け6試合
Fさん	(何とか式をつくろうとするが，正しくない) $3x+y=74$	(2元1次の連立方程式で解くことができた) 勝ちを x 回，引き分けを y 回とする。 $\begin{cases} x+y+(y+1)=34 & \cdots① \\ 3x+y=74 & \cdots② \end{cases}$ の2元1次の連立方程式をつくり，①を整理した後，①と②を加減法で x 消去して，y の値を求めた。 答え：勝ち23，引き分け5，負け6試合
Kくん	(無解答)	(3元1次の連立方程式をつくったが，間違っており解けない) $\begin{cases} x+y+z=34 \\ 3x+y=74 \\ y+z=1 \end{cases}$

※カッコ内は授業者によるその生徒の解答についての説明

(3)実践を振り返って
①授業における生徒の学び
　以上より，本時のデザインは，対象とする生徒たちにとって協調学習が起きやすい環境を提供できていたと言えよう。カギとなったのは，やはり，考えを出し合って，様々な視点から何度も理解を見直すことを誘発するような質の高い課題設定であろう。これにより，1時間をとおして意欲的に考えを聞き合って理解を深め続ける活動が実現し，多様な生徒が自分なりのタイミング，表現で納得できるチャンスが多くあったと考えられる。
　この課題は，完答までの過程が一筋縄ではいかないことに加え，解法も複数ある。そこで，いったん答えが出た後も，解法を比較するという視点からもう一度考えを見直すことができる。そこで，グループで課題の解を探究するジグソー活動でやりとりが深まっただけでなく，見えてきた解を全体で比較検討するクロストークでも，班の報告した解法の差異に注目しながら各班の解を比較検討し，理解を深めるためのやりとりを継続することができた。
　授業では，ジグソー終了時には5班中2班は連立方程式をつくることができなかった。しかしクロストークを経て，授業後には完答できる生徒が増えた。表8のFさんはそうした生徒の1人である。実践者によれば，クロストークで発表された正答を書き写したのではなく，ジグソー活動で自分たちが考えていた解法を，発表をふまえて見直した解答が書かれていたとのことである。
②考察
　実は，授業案検討の段階では，実践者は必要な情報のみを与えたシンプルな文章問題として課題を提示することを予定していた。しかし，生徒の実態を踏まえた事前協議の結果，あえて難易度を上げることにチャレンジした。一人とは言え授業前の段階で完答できる生徒もいたことを考えると，当初予定していた課題提示の仕方では「一人では十分な答えが出ない課題をみんなで解こうとしている」という状況が生まれにくかった可能性もある。
　生徒が自分たちで考えるアクティブ・ラーニング型の授業においては，全

員の学習成果を保証するために確実に解ける課題を設定した方がよいという意見もあるだろう。しかし，手応えのある課題があってこそ，考えを出し合い，聞き合う意欲が生まれる。「連立方程式」の実践例は，多様な生徒の潜在的な学びの力を引き出すために，手応えのある課題を設定することが重要であることを改めて認識させてくれる事例である。

2 授業案及び教材

「知識構成型ジグソー法」を用いた協調学習授業　授業案

学校名	世羅町立世羅西中学校	授業者	宮岡　英明
授業日時	平成28年7月14日	教科・科目	数学
学年・年次	2年	児童生徒数	17
実施内容	連立方程式	本時／時数	18／18

授業のねらい（本時の授業を通じて児童生徒に何を身につけてほしいか，このあとどんな学習につなげるために行うか）

　1年では1元1次方程式を学習し，2年になりこれまでに，2元1次方程式の解が無数にあることや2元1次方程式を連立させることの必要性を理解し，連立方程式の解を求めることを学習してきている。これらの学習をふまえて，3年では2次方程式を学習することになっている。

　連立方程式を解くときのポイントは，2つの文字のどちらか一方を消去し，既習の1元1次方程式を導いて解くことにある。これは，新しい問題場面に直面したときに，既習の方法に帰着させるという数学的な考え方であり，子どもたちに身につけさせたい考え方でもある。そこで，中学校では発展課題として取り扱う「3元1次の連立方程式」を想定させるような文章問題を用意し，文字が3つになっても，既習の連立方程式や1元1次方程式をつくり出すことができれば，解を求めることができるということを体感させたい。

メインの課題（授業の柱となる，ジグソー活動で取り組む課題）

　サッカー大好きなAくんとサッカーを知らないBさんが，サンフレッチェ広島についての話をしています。Bさんは，勝ち，引き分け，負けがそれぞれ何試合

だったか，どのようにして求めたのでしょう。
※課題の詳細は，p.73を参照のこと

児童生徒の既有知識・学習の予想（対象とする児童生徒が，授業前の段階で上記の課題に対してどの程度の答えを出すことができそうか。また，どの点で困難がありそうか）

　文章問題を，連立方程式を使って求めるときに，求めたいものを文字において方程式をつくることは学習している。ただ，この問題では未知数が３つあり，xやyだけでは式がつくれないことにとまどうであろう。エキスパート資料で，３つ目の文字を導入する必要性を理解し，３元１次の連立方程式ができたときに，それをどう解いていくか。文字を消去していけば解けるのでは？そのためにどうすればよいのか？という思考を他者と話し合いながら見つけていってほしい。

期待する解答の要素（本時の最後に児童生徒が上記の課題に答えるときに，話せるようになってほしいストーリー，答えに含まれていてほしい要素。本時の学習内容の理解を評価するための規準）

　求めたいものを文字でおいて，連立方程式をつくると，これまでの学習とは違って３種類の文字の方程式（３元１次方程式）の連立方程式ができる。代入法で１つの文字を消去し，２つの２元１次方程式をつくり，それらを，加減法を用いることで１つの文字について解が分かり，他の解も求めることができる。

各エキスパート＜対象の児童生徒が授業の最後に期待する解答の要素を満たした解答を出すために，各エキスパートで押さえたいポイント，そのために扱う内容・活動を書いてください＞

A　連立方程式を使って問題を解くときに，これまでと違って，求めたいものが３つあれば，その数量を３つの文字で表し，３つの式の連立方程式ができる。
B　方程式の解を１つに決めるためには，「文字の数」と「方程式の数」は同じ数だけ必要になる。
C　連立方程式を解くときに「加減法」や「代入法」を使うのは，文字を消去し，文字の数を少なくすることで求めることができるからである。

ジグソーで分かったことを踏まえて次に取り組む課題・学習内容

　連立方程式については，本時で学習が終わるので，３元１次の連立方程式は高等学校で詳しく学習することになる。

本時の学習と前後のつながり

時間	取り扱う内容・学習活動	到達してほしい目安
これまで	連立方程式の解の意味	2元1次方程式とその解の意味と連立方程式の解の意味を理解する。
	連立方程式の解き方 ○加減法 ○代入法 ○分数や小数の連立方程式 ○A＝B＝Cの連立方程式	加減法や代入法を用いて連立方程式を解くことができる。 分数・小数の連立方程式を整数に直して解くことができる。 A＝B＝Cの方程式を，連立方程式をつくって解くことができる。
前時	連立方程式の利用 ○個数・代金の問題 ○距離・時間・速さの問題 ○割合の問題	文章問題から，数量関係を捉え連立方程式をつくって解くことができる。
本時	3元1次の連立方程式	3元1次の連立方程式から，文字を消去しながら2元1次の連立方程式に直して解くことができる。
このあと	【高等学校】 3元1次の連立方程式	いろいろな3元1次の連立方程式を解くことができる。

上記の一連の学習で目指すゴール

連立方程式は，いずれかの文字を消去し，1元1次方程式に帰着することで解くことができることを理解する。たとえ，それがはじめて直面する課題（3元1次の連立方程式）であっても，既習事項に結びつけることができれば解くことができるということを体験する。

本時の学習活動のデザイン

時間	学習活動	支援等
10分	問題の確認と個人思考	
10分	エキスパート活動 ○それぞれのエキスパート資料をもとに，グループをつくって課題に取り組む。	
15分	ジグソー活動 ○各自の資料を持ち寄り，資料のポイントを伝え合う。 ○班ごとに解答を発表用紙に記入する。	○考え方が分かるようにワークシートに書かせる。
10分	クロストーク ○ジグソー班で考えた考えを交流する。	○ジグソー活動での様子を把握しておき，学びが深まるよう意図的に発表させる。
5分	個人思考と振り返り ○再び個人で考え，ワークシートに書く。 ○学習の振り返りをする。	○本時の学習で理解できたことを自分の言葉で書かせる。

グループの人数や組み方

　ジグソー班を3人×3グループ，4人×2グループにし，その中で3つのエキスパート資料を配り，エキスパート班をつくる。あえて意図的に資料を与えず，その場でグループをつくる。

授業の最初に個人で取り組むプリント

文章問題を，連立方程式を使って解いてみよう！

2年___番 名前_____

【問題】まずは，個人で考えよう。

サッカー大好きなAくんとサッカーを知らないBさんが，サンフレッチェ広島についての話をしています。

Aくん：「去年のサンフレッチェ強かったよね。」
Bさん：「そうなんだぁ。どれぐらい強かったの？」
Aくん：「えっ。知らないの？ 優勝したんだよ。年間勝ち点が1位だったし，年間勝ち点の多かった3チームでチャンピオンシップのトーナメント戦をして，優勝したんだよ。」
Bさん：「そうなんだ。強かったんだね。ところで，その年間勝ち点ってどうやって決めるの？」
Aくん：「勝ち点は，試合に勝ったら3点，引き分けたら1点，負けたら0点の勝ち点が与えられるんだけど，勝ちと引き分けと負けの数がそれぞれ何試合だったかわかる？」
Bさん：「それって，この勝敗表だけでわかるの？」
Aくん：「う〜ん。これだけでは，わからないなぁ。だけど，負けた試合が引き分けた試合より1試合多かったんだよ。これなら，勝ち，引き分け，負けが何試合あったか，求めることができるよ。」
Bさん：「どうやって解こうかな……。わかった！」

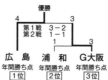

Bさんは，勝ち，引き分け，負けがそれぞれ何試合だったか，どのようにして求めたのでしょう。

エキスパート活動のプリント(A)

エキスパート資料A　　ジグソー活動できちんと説明できるようにしておこう！

　文章問題を，連立方程式を使って解くとき，まずは，求めたいものを x, y などの文字において，連立方程式をつくることから始めます。

　たとえば，次のような問題があったとします。

> 1個200円のケーキと1個120円のプリンを合わせて12個買い，代金の合計が2000円になるようにします。
> ケーキとプリンを，それぞれ何個買えばよいでしょうか。

求めたいものは，ケーキとプリンの個数なので，
ケーキを x 個，プリンを y 個買ったとして，連立方程式をつくる。
　　個数の関係から（　　　＋　　　＝　12　）
　　代金の関係から（　　　＋　　　＝　2000　）
これらを連立方程式として解くと，ケーキとプリンの個数を求めることができます。

また，次のような問題があったとします。

> ノート1冊，鉛筆2本，消しゴム1個買うと，430円，
> ノート2冊，鉛筆3本，消しゴム1個買うと，680円，
> ノート3冊，鉛筆1本，消しゴム2個買うと，710円のとき，
> ノート，鉛筆，消しゴムそれぞれの値段を求めなさい。

これまでの連立方程式との違いは何だろう。どんな連立方程式ができるだろう。

$$\left\{\begin{array}{l} \\ \\ \end{array}\right.$$

エキスパート活動のプリント(B)

エキスパート資料B　　　ジグソー活動できちんと説明できるようにしておこう！

方程式を解くとき，
文字が１つしかないときは，１つだけの方程式で解を求めることができます。
たとえば，

$$x + 2 = 7 \qquad\qquad 2x - 1 = -7$$
$$x = (\quad\quad) \qquad\qquad x = (\quad\quad)$$

のような１元１次方程式は，解を１つに決めることができます。

ところが，文字が２つになると，１つの方程式では解を１つに決めることはできません。
たとえば，

$$x + y = 5$$

のような２元１次方程式では，$\begin{cases} x = 1 \\ y = 4 \end{cases}$ ， $\begin{cases} x = 3 \\ y = 2 \end{cases}$ ， $\begin{cases} x = -3 \\ y = 8 \end{cases}$ ・・・など

解は無数にあるので，解を１つに決めることはできません。

しかし，２元１次方程式がもう１つあれば

$\begin{cases} x + y = 5 \\ x - y = 1 \end{cases}$ の解を $\begin{cases} x = (\quad\quad) \\ y = (\quad\quad) \end{cases}$ の１つに決めることができます。

つまり，**文字が２つのときは，解を１つに決めるためには，**
**　　２つの方程式が必要になります。**

方程式の解が１つに決まるためには，
**　　「文字の数」と「方程式の数」にはどんな関係があるだろう。**

3

エキスパート活動のプリント(C)

|エキスパート資料C|　　　ジグソー活動できちんと説明できるようにしておこう！

連立方程式を解くときの方法は，2種類あります。

　　1つ目は「加減法」です。

　　　　たとえば，

$$\begin{cases} x + y = 5 & \cdots① \\ x - y = 1 & \cdots② \end{cases}$$

という連立方程式があれば，

①と②の式を加えて，

$$\begin{array}{r} x + y = 5 \\ +)\ x - y = 1 \\ \hline 2x\phantom{{}-y} = 6 \\ x\phantom{{}-y} = () \end{array}$$

となり，x の値を求めることができます。

　　2つ目は「代入法」です。

　　　　たとえば，

$$\begin{cases} x + y = 7 & \cdots① \\ y = 2x + 1 & \cdots② \end{cases}$$

という連立方程式があれば，

$y = 2x + 1$ を①の式に代入すると，

$$x + (2x + 1) = 7$$
$$3x = 6$$
$$x = ()$$

となり，x の値を求めることができます。

連立方程式は，なぜ「加減法」や「代入法」を使うと解けるのだろうか。

ジグソー活動のプリント

|ジグソー活動| ( ) 班 |

【問題】班で，協力して考えよう。

サッカー大好きなAくんとサッカーを知らないBさんが，サンフレッチェ広島についての話をしています。

Aくん：「去年のサンフレッチェ強かったよね。」
Bさん：「そうなんだぁ。どれぐらい強かったの？」
Aくん：「えっ。知らないの？　優勝したんだよ。年間勝ち点が1位だったし，年間勝ち点の多かった3チームでチャンピオンシップのトーナメント戦をして，優勝したんだよ。」
Bさん：「そうなんだ。強かったんだね。ところで，その年間勝ち点ってどうやって決めるの？」
Aくん：「勝ち点は，試合に勝ったら3点，引き分けたら1点，負けたら0点の勝ち点が与えられるんだけど，勝ちと引き分けと負けの数がそれぞれ何試合だったかわかる？」
Bさん：「それって，この勝敗表だけでわかるの？」
Aくん：「う～ん。これだけでは，わからないなぁ。だけど，負けた試合が引き分けた試合より1試合多かったんだよ。これなら，勝ち，引き分け，負けが何試合あったか，求めることができるよ。」
Bさん：「どうやって解こうかな……。わかった！」

```
         優勝
    4   第1戦  3－2    3
        第2戦  1－1
    広 島    浦 和    G大阪
   年間勝ち点  年間勝ち点  年間勝ち点
    1位      2位      3位
```

2015年Jリーグ勝敗表

順位	チーム	試合	勝数	引分	敗数	勝点
①	広 島	34	?	?	?	74
②	G大阪	34	18	9	7	63
③	浦 和	34	21	9	4	72
④	FC東京	34	19	6	9	63
⑤	鹿 島	34	18	5	11	59

Bさんは，勝ち，引き分け，負けがそれぞれ何試合だったか，どのようにして求めたのでしょう。

授業の最後に個人で取り組むプリント

2年___番 名前_____

【問題】再び，個人で考えよう。

サッカー大好きなAくんとサッカーを知らないBさんが，サンフレッチェ広島についての話をしています。

Aくん：「去年のサンフレッチェ強かったよね。」
Bさん：「そうなんだぁ。どれぐらい強かったの？」
Aくん：「えっ。知らないの？ 優勝したんだよ。年間勝ち点が1位だったし，年間勝ち点の多かった3チームでチャンピオンシップのトーナメント戦をして，優勝したんだよ。」
Bさん：「そうなんだ。強かったんだね。ところで，その年間勝ち点ってどうやって決めるの？」
Aくん：「勝ち点は，試合に勝ったら3点，引き分けたら1点，負けたら0点の勝ち点が与えられるんだけど，勝ちと引き分けと負けの数がそれぞれ何試合だったかわかる？」
Bさん：「それって，この勝敗表だけでわかるの？」
Aくん：「う〜ん。これだけでは，わからないなぁ。だけど，負けた試合が引き分けた試合より1試合多かったんだよ。これなら，勝ち，引き分け，負けが何試合あったか，求めることができるよ。」
Bさん：「どうやって解こうかな……。わかった！」

Bさんは，勝ち，引き分け，負けがそれぞれ何試合だったか，どのようにして求めたのでしょう。

優勝
```
        4       3
第1戦   3 - 2
第2戦   1 - 1
              1        3
  広　島   浦　和   G大阪
年間勝ち点 年間勝ち点 年間勝ち点
  1位       2位       3位
```

2015年Jリーグ勝敗表
順位	チーム	試合	勝数	引分	敗数	勝点
①	広　島	34	?	?	?	74
②	G大阪	34	18	9	7	63
③	浦　和	34	21	9	4	72
④	FC東京	34	19	6	9	63
⑤	鹿　島	34	18	5	11	59

3 実践者の声（世羅町立世羅西中学校　宮岡英明教諭）

「知識構成型ジグソー法」の授業の手応えは？

　対話的で，生徒の学びの違いが生かされる授業法だと感じています。今回の授業にしても，この手法に出会ってなかったら，一般的な連立方程式の利用をやって終わりになっていたと思います。たぶん，連立方程式の利用でグループ学習をしても，できる生徒ができない生徒に教えるくらいのグループ学習にしかならないと思うんですよね。できる生徒もちょっと考えないといけないし，できない生徒も生かされるっていうのは，これまでの授業の中ではたぶんできないと思います。

　ですから，毎時間はできないとしても，単元末のここだというところなど，ちょっと力を入れて1時間だけでもやっていくというのは，生徒たちにとっても，教師側にとってもメリットがあるかなと思います。

授業づくりや授業の中で気をつけていることは？

　授業づくりでは課題の設定ですね。課題が解き応えのあるものであることが大事だと思います。今回の授業で言えば，みんなが解けてしまうようなものだったらなかなか多様な考えが生かされるようにはならなかったと思うんですけど，最初の段階では一人しか解けなかったという状態で始まって，みんなが「どうしようか」となったのがよかったのだと思います。

　授業中に気をつけるポイントは，まず教師が教えすぎないということだろうと思います。自分も最初にやってみたときは，エキスパート活動のときにここまでやらせておかないとジグソー活動にいったときに苦しいだろうなと思って，かなり中身の指導までやっていたんですね。ただ，そうすると結局生徒があまり話さなくなってしまったりして，それじゃあ目指す学びは生まれないのかなぁと思って。ですから，最近はできるだけ中身は言わないようにして，教師がグループに関わるのは活動の意味を理解していないときだけにしようと意識しています。

あとは校内でも議論になっているところですが，クロストークをどうするかというところでしょうか。クロストークをすべて生徒の自主的な発表に任せてしまうと，発表会になってしまいがちです。だから，ジグソー活動のときに各班の様子を把握しておいて，まずはＢ規準に到達していないような班からこちらが意図的に指名して，発表した内容は評価しつつ，だんだんＡ規準に近い解答をしている班の発表にいくようにコーディネートすることを心がけています。

　もし最初から完全解答の班が発表していたら，できなかった班の生徒達が自分で発表して考えるチャンスをもちにくいだろうと思います。特にうちのような小規模校の場合，生徒同士がお互いに数学が得意な生徒，そうでない生徒をよく分かっているので，最初から得意な生徒が発表してしまうと，それで終わりという雰囲気になってしまいかねません。教師側で意図的に発表させ，クロストークでの学びのチャンスを広げることで，ジグソー活動までで解決できていなかった班の生徒でも，クロストークが答えを写す場面ではなく，最後に自分の考えで正しい答えを導くことにつながるように思います。

これからこの授業に取り組んでみようと思っている先生方に一言

　生徒の実態が違えば授業は違います。だから，今回の授業含め，過去に誰かがやった授業をそのままやってもうまくいく保障はありません。目の前の生徒の実態に合わせてアレンジすることが大事だろうと思います。

　例えば，今回授業をやった学級は理解力のある生徒が多いので，かなり複雑な課題設定にしましたが，別の学級では，難易度を下げるなどアレンジが必要だろうといった風に。そのとき，今回の授業なら，「〜は〜より多い」という立式，これは１年生の文字式の既習事項ですが，別の学級ではこれがエキスパートのひとつにあった方がいいんじゃないかなという感じです。

　大事なのは，生徒の実態を踏まえて授業をつくることで，その際，第三者の意見を聞いて教材を客観的に見直してみることが有効だと感じています。

実践例4

三角形の合同条件を自分の言葉で納得しよう

1 実践の概要と成果

(1)授業のデザイン

　本節で取り上げる実践は，広島県の安芸太田町立戸河内中学校今田教諭によって2年で実践された「三角形の合同条件」の授業である。

　授業は，図形の調べ方の11・12／18時間目として2コマ（50分×2）を使って実践された。授業は教科書通りの順序で進め，三角形の合同条件を扱う2コマを「知識構成型ジグソー法」で展開した形である。

　授業のデザインを表9に示す。ポイントは，「三角形の合同条件」という抽象度の高い知識を自分の言葉で噛み砕く機会を保証した課題設定である。授業者は本時で取り扱う「三角形の合同条件」を，図形の性質を演繹的に証明する学習内容の基盤にあたるものとして重要視しており，条件を暗記するのではなく，実際の図形の辺や角などと丁寧に対応づけながら，生徒自身の言葉で論理的に導く機会をつくるため，このような課題を設定したという。

　1コマ目では，通常の授業の最初に行っている「基本問題確認プリント（単元の学習内容についての小テスト）」の後，「2つの三角形が合同であることを説明するにはどのようなことを言えばよいか」という課題に各自で取り組んでみたあと，エキスパート活動を行った。エキスパート活動では，それぞれ与えられた条件に即して，実際にコンパス，定規，分度器などを用いて三角形を作図したり，いくつかの三角形の図から合同なものを選んだりする活動をとおして，三角形の合同条件のうち1つをそれぞれ確認した。

　2コマ目では，ジグソー活動，クロストーク，各自でのまとめを行った。ジグソー活動では，2種類の辺や角度が等しいことが分かっている三角形のペアについて「あと1つ何が等しいことが分かると，2つの三角形は合同に

なると言えるか」を考え，そこから見えてきた「三角形の合同条件」をホワイトボードに書かせた。クロストークでは，ホワイトボードに書かれた言葉の意味を確認しながら，用語を整理し，最後に，授業の最初と同じ課題について各自で考えを書かせた。

表9 「図形の調べ方」の授業デザイン

課題	2種類の辺や角度が等しいことがわかっている三角形のペアを見て「あと1つ何が等しいことが分かると，2つの三角形は合同になると言えるか」を考え，2つの三角形が合同であることを言うためには，どんなことを言えばよいかをまとめる。
エキスパートA	3組の辺，または，3組の角がそれぞれ等しければ合同であるかを，作図をとおして調べる。3組の辺がそれぞれ等しいときは合同と言えるが，3組の角がそれぞれ等しいでは，そのような三角形は無数に存在し，合同条件としては使えないことに気づく。
エキスパートB	2組の辺と1組の角がそれぞれ等しければ合同であるかを，作図をとおして調べる。角をとる場所によって，複数の三角形が存在することに気づき，2組の辺とその間の角という表現をすればよいことに気づく。
エキスパートC	1組の辺と2組の角がそれぞれ等しければ合同であるかを，作図をとおして調べる。2つの角をとる場所によって，複数の三角形が存在することに気づき，1組の辺とその両端の角という表現にすればよいことに気づく。
期待する解答の要素	三角形の3つの合同条件について理解する。 また，2つの三角形が合同であることを証明するには，すべての辺・角がそれぞれ等しくなることを言う必要はなく，「3組の辺がそれぞれ等しい」「2組の辺とその間の角が等しい」「1組の辺とその両端の角が等しい」のいずれかが成立すればよい。

(2)学習成果―授業前後の理解の変化から―

本時では,授業の最初と最後に「2つの三角形が合同であることを説明するにはどのようなことを言えばよいか」について各自で答えを書かせている。授業前後の記述に基づいて,学習成果を確認してみたい。

まず,全体としての理解の変化を確認してみたものが図2である。

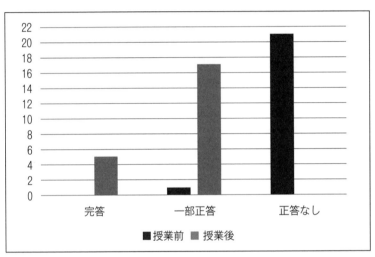

図2　授業前後の理解の変化（N =22）

縦軸は生徒数である。「完答」は3つの合同条件を正しく記述できたこと,「一部正答」は1つまたは2つの合同条件を正しく記述できたこと,「正答なし」は合同条件を正しく記述できていないことを意味する。授業前は,一部正答が1人だけでその他の全員が正答なしであったのに対し,授業後は正答できない生徒は1人もいなくなっている。授業をとおして生徒の理解は大きく深まったことがうかがわれる。同時に,授業後にも完答の生徒は5人にとどまっているところから,課題は生徒たちにとって簡単ではなかったことがうかがわれる。

次に,授業前後の生徒の記述3人分を比較してみたものが表10である。

表10 授業前後における生徒の記述（原文ママ）

生徒	授業前	授業後
1	角度，辺の長さ，面積，周の長さ，重ねる	対応する辺の長さが等しいとき。 2つの辺と1つの角がわかったとき。 1つの辺と2つの角がわかったとき。
2	△ABC＝△DEFということを証明する。つまり，はさみで両方の三角形を切り，合わせてみる。	対応する3つの辺の長さが等しい場合。 対応する2つの辺の長さと，その2つの辺によってできる角の角度が等しい場合。 対応する1つの辺とその辺の両端にできる，対応する2つの角の角度が等しい場合。
3	すべての辺，角の長さが同じくなるか調べる。 対称移動，平行移動，回転移動をして，同じになるか調べる。 面積が同じになるか調べる。	3つの対応する辺の長さが等しいとき。 1つの角とその角からできる辺の長さが決まっているとき。 1つの辺とその両端からできる角の大きさが決まっているとき。

　生徒1や3のように授業前にも辺や角という三角形の重要な構成要素に着目して合同条件について考えることができた生徒もいた。ただし，小学校5年で学習した三角形の決定条件を挙げている生徒はおらず，各自の感覚に応じて既習事項を活用したような記述となっている。他方授業後では，どの生徒の場合も三角形の合同条件を自分なりの言葉で表現しようとしたことがうかがわれる記述となっている。生徒1は授業後に「三辺相等」については正しく記述したが，残り2つの条件についてはどこの角かについて曖昧さの残る記述となっている。生徒2と3は授業後に3つの合同条件を正しく記述できた例である。

(3)実践を振り返って
①授業における生徒の学び
　まず指摘しておきたいのは「三角形の合同条件」のように高度で抽象的な正解がひとつに見える内容であっても、生徒が主体的、協調的に納得にたどり着いたときに出てくる表現は多様であるということである。例えば、表10の生徒2と3はどちらも授業後に「二辺挟角相等」について記述しているが、生徒2は「対応する2つの辺の長さと、その2つの辺によってできる角の角度が等しい場合」、生徒3は「1つの角とその角からできる辺の長さが決まっているとき」という記述になっている。おそらく、生徒2は「辺が角をつくる」、生徒3は「角があることによって辺が成立する」という図形の成り立ちのイメージをそれぞれ持っており、それに即して資料や友達の考えを理解していった結果、こうした記述にたどり着いたものと想像される。

②考察
　授業者は、本時の反省点として「2つの三角形が合同であることを証明するには、すべての辺・角がそれぞれ等しくなることを言う必要はなく、3つの合同条件のいずれかが成立すればよい」という点を十分に確認できなかった点を挙げている。授業者は当初、エキスパート活動をふまえて3つの合同条件について理解すること自体はそれほど困難ではないと考えており「合同条件はいくつ必要なのか」の部分で議論が起こることを想像していたのである。しかし実際には、「合同条件について自分なりに納得する」ことそのものが、生徒にとって深く掘り下げるに足る課題だったようである。授業では、クロストークにおいても、それぞれのグループが合同条件の表現を吟味していく中で「二辺挟角相等をどのように表現すればよいか」などについて活発な意見交流が続いたとのことであった。

　教えたい正解がひとつでも、生徒一人ひとりがそれについて探究していく視点が異なり、納得できる解の表現も異なる。そう考えると、生徒が主体的、協調的な学習活動をとおして深い理解を目指す状況を設定できる機会は、まだ様々なところに隠されていると言えるのではないだろうか。

2 授業案及び教材

「知識構成型ジグソー法」を用いた協調学習授業　授業案

学校名	安芸太田町立戸河内中学校	授業者	今田　富士男
授業日時	平成25年12月10日	教科・科目	数学
学年・年次	2年	児童生徒数	23
実施内容	図形の性質の調べ方	本時／時数	11・12／18

授業のねらい（本時の授業を通じて児童生徒に何を身につけてほしいか，このあとどんな学習につなげるために行うか）

　中学校数学科の大きな特徴は，図形領域において演繹的な推論の方法を活用することにある。小学校までの論証はどちらかと言えば直感的な取り扱いがされており，帰納的な考え方で図形の性質を捉えてきている。本時で取り扱う三角形の合同条件は，図形の性質を演繹的に証明していく際の基盤となる部分である。それゆえに，三角形の合同条件をただ丸覚えするのではなく，対応する辺や角などを丁寧に見とらせることで，論理的に表現する能力の育成につなげていきたい。

メインの課題（授業の柱となる，ジグソー活動で取り組む課題）

　ジグソー活動では，エキスパート活動で得たそれぞれの三角形の合同条件をもとに，あとどういった条件をつければ合同条件を成り立たせることができるかを考えさせ，2つの三角形が合同であることを証明するときの見方や考え方を養っていきたい。

児童生徒の既有知識・学習の予想（対象とする児童生徒が，授業前の段階で上記の課題に対してどの程度の答えを出すことができそうか。また，どの点で困難がありそうか）

　三角形の合同条件は，小学校5年で学習する三角形の決定条件とつながる内容ではあるが，生徒たちはそれほど強く印象を残していないと思われる。また，合同についてぴったり重ね合わすことができる2つの図形という認識はあっても，対応する辺や角に注目して考えることは十分ではないと予想される。エキスパート活動での作図において，条件の取り方によっては複数の三角形が存在すること

に気づかせるような支援が必要だと思われる。

期待する解答の要素（本時の最後に児童生徒が上記の課題に答えるときに，話せるようになってほしいストーリー，答えに含まれていてほしい要素。本時の学習内容の理解を評価するための規準）

　2つの三角形が合同であることは，3組の辺，3組の角すべてがそれぞれ等しくなるということを言わなくても，三角形の合同条件のいずれかが成り立たせることが言えれば，2つの三角形は合同であると言えることを理解する。また，合同を説明するには条件が不足している2つの三角形で，あと何が条件として加われば合同と言えるのかを答えることができる。

各エキスパート＜対象の児童生徒が授業の最後に期待する解答の要素を満たした解答を出すために，各エキスパートで押さえたいポイント，そのために扱う内容・活動を書いてください＞

A　3組の辺，または，3組の角がそれぞれ等しければ合同であるかを，作図をとおして調べる。3組の辺がそれぞれ等しいときは合同と言えるが，3組の角がそれぞれ等しいでは，そのような三角形は無数に存在し，合同条件としては使えないことに気づく。

B　2組の辺と1組の角がそれぞれ等しければ合同であるかを，作図をとおして調べる。角をとる場所によって，複数の三角形が存在することに気づき，2組の辺とその間の角という表現をすればよいことに気づく。

C　1組の辺と2組の角がそれぞれ等しければ合同であるかを，作図をとおして調べる。2つの角をとる場所によって，複数の三角形が存在することに気づき，1組の辺とその両端の角という表現にすればよいことに気づく。

ジグソーで分かったことを踏まえて次に取り組む課題・学習内容

　2つの三角形が合同であることを，三角形の合同条件をもとにして証明することができる。①合同な三角形が2つある場合。②1つの図形の中に合同な三角形が存在する場合。

本時の学習と前後のつながり

時間	取り扱う内容・学習活動	到達してほしい目安
これまで	対頂角は等しい 平行線と同位角・錯角の関係 三角形の内角の和は180°である n角形の内角の和は$180° \times (n-2)$である n角形の外角の和は360°である	対頂角の性質，三角形の内角の和，n角形の内角の和，n角形の外角の和について演繹的に説明することができる。 図形の性質を利用して角の大きさなどを求めることができる。
前時	合同な図形とその性質	合同な図形では，対応する線分の長さと対応する角の大きさがそれぞれ等しいことを理解する。
本時	三角形の合同条件	2つの三角形は，次のどれか1つが成り立てば合同である。 ①3組の辺がそれぞれ等しい。 ②2組の辺とその間の角がそれぞれ等しい。 ③1組の辺とその両端の角がそれぞれ等しい。
次時	三角形の合同条件を根拠にして，合同な三角形を説明する。	三角形の合同条件を根拠にして，合同な三角形を説明することができる。
このあと	証明の意義	証明の意義を理解し，三角形の合同条件など図形の性質を利用して，図形の証明ができる。

上記の一連の学習で目指すゴール

　図形の性質を説明するとき，一つひとつの図形を具体的に取り上げて説明をしたのではすべての場合でその性質が正しいことを説明したことにはならず，正しいことが認められた図形の性質などを拠りどころとしながら，演繹的に説明していくことの必要性を理解する。

本時の学習活動のデザイン

時間	学習活動	支援等
10分	○基本問題確認プリントに取り組む（答え合わせを含む）。	
5分	○2つの三角形が合同であることを説明するにはどのようなことを言えばよいかという自分の考えを書く。	
3分	○課題を把握する。	
32分	エキスパート活動 ○それぞれのエキスパート資料をもとに，三角形の合同条件を見いだす。 ○それぞれのエキスパート資料の内容をもとに合同な三角形を答えることができる。 ○次のジグソー活動に向けて説明できるように準備をさせる。	○作図の仕方を支援する。 ○その条件で作図できる三角形が複数あることに気づかせる。
5分	○課題の再確認をする。	
20分	ジグソー活動 ○それぞれのエキスパート資料から，どんなときに2つの三角形が合同になると言えるかを確認する。 ○それぞれのエキスパート資料で	○説明に困っているようであれば，グループの中で解決できるように支援する。 ○いずれかのエキスパート資料の内

	分かったことをもとに，問題に取り組む。 ○2つの三角形が合同であることを説明するためにはどんなことを言えばよいかをまとめる。	容を利用すれば解決できることを知らせる。
20分	クロストーク ○それぞれのホワイトボードをもとに，三角形の合同条件を生徒自身の言葉で表現させ，まとめていく。	○それぞれのホワイトボードに書かれた言葉の意味を確認しながら，用語を整理していく。
5分	まとめ	

グループの人数や組み方
習熟度別にグループ編成をする。 エキスパート資料A　　学力低位層（9人） エキスパート資料B　　学力高位層（7人） エキスパート資料C　　学力中位層（7人）

授業の最初に個人で取り組むプリント

エキスパート活動に入る前に考えてみよう

2年　　番　名前

2つの三角形が合同だということを説明するためにはどんなことを言えばよいと思いますか。あなたの考えを教えてください。

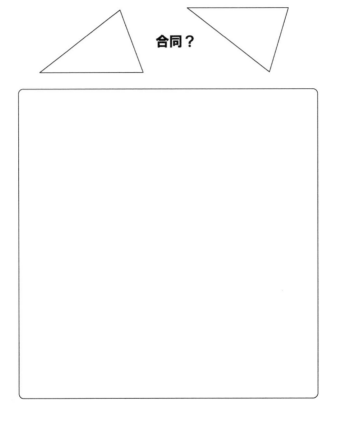

エキスパート活動のプリント(A)

エキスパート資料　A

2年　　番　名前

三角形には3つの辺と3つの角があります。このうち3つの要素を取り上げて2つの三角形が合同であることを説明できないか考えてみましょう。

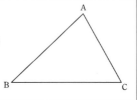

（1）3組の辺

【条件1】
　　AB＝5cm，BC＝6cm，AC＝4cm

作図できる三角形は1つだけかな？

3組の辺の長さがそれぞれ**条件1**のような三角形をコンパスと定規で作図してみよう。

作図した三角形は**条件1**に示された三角形と合同な三角形になるといえますか？

（2）3組の角

【条件2】
　　∠A＝80°，∠B＝40°，∠C＝60°

3組の角の大きさがそれぞれ**条件2**のような三角形を分度器と定規で作図してみよう。

作図できる三角形は1つだけかな？

作図した三角形は**条件2**に示された三角形と合同な三角形になるといえますか？

（1）と（2）のことから，どんなときに合同な三角形になるかをまとめてみよう。

【問題】
この資料でわかったことをもとにして，次の図で合同な三角形を選びなさい。

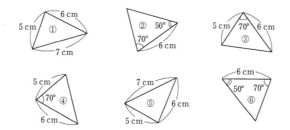

エキスパート資料 B

2年　番　名前

三角形には3つの辺と3つの角があります。このうち3つの要素を取り上げて2つの三角形が合同であることを説明できないか考えてみましょう。

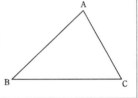

2つの辺と1つの角

(1)

【条件1】
AB= 6 cm, AC= 4 cm, ∠B= 30°

2組の辺の長さと1組の角の大きさがそれぞれ**条件1**のような三角形をコンパスと分度器と定規で作図してみよう。

　　　　　　　　　作図できる三角形は1つだけかな？

作図した三角形は**条件1**に示された三角形と合同な三角形になるといえますか？

(2)

【条件2】
AB＝6cm, AC＝4cm, ∠A＝100°

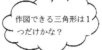
作図できる三角形は1つだけかな？

2組の辺の長さと1組の角の大きさがそれぞれ**条件2**のような三角形をコンパスと分度器と定規で作図してみよう。

作図した三角形は**条件2**に示された三角形と合同な三角形になるといえますか？

（1）と（2）のことから，どんなときに合同な三角形になるかをまとめてみよう。

【問題】
この資料でわかったことをもとにして，次の図で合同な三角形を選びなさい。

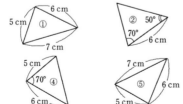
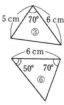

エキスパート資料　C

2年　　番　名前

三角形には3つの辺と3つの角があります。このうち3つの要素を取り上げて2つの三角形が合同であることを説明できないか考えてみましょう。

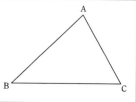

1つの辺と2つの角
(1)

【条件1】
　　BC＝6 cm，∠A＝80°，∠B＝40°

1組の辺の長さと2組の角の大きさがそれぞれ**条件1**のような三角形をコンパスと分度器と定規で作図してみよう。

作図した三角形は**条件1**に示された三角形と合同な三角形になるといえますか？

104

(2)

【条件2】
BC＝6 cm，∠B＝40°，∠C＝80°

💭 作図できる三角形は1つだけかな？

1組の辺の長さと2組の角の大きさがそれぞれ条件2のような三角形をコンパスと分度器と定規で作図してみよう。

作図した三角形は**条件2**に示された三角形と合同な三角形になるといえますか？

（1）と（2）のことから，どんなときに合同な三角形になるかをまとめてみよう。

【問題】
この資料でわかったことをもとにして，次の図で合同な三角形を選びなさい。

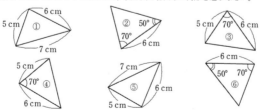

ジグソー活動のプリント

ジグソー資料

2年　番　名前

これからのジグソー活動ですること
① それぞれのエキスパート資料から、どんなときに2つの三角形が合同になるといえるのかを確認する。
② それぞれのエキスパート資料でわかったことをもとに、下の問題に挑戦する。
③ 問題を解いたら、2つの三角形が合同であることを言うためには、どんなことを言えばよいか、それぞれのグループでまとめてみよう。（ホワイトボードに書く。）

△ABCと△DEFについて、次のことがわかっています。それぞれについて、あと1つ何が等しいことがわかると、2つの三角形は合同になるといえるか答えなさい。

(1) AB=DE, CA=FD

(2) BC=EF, ∠B=∠E

授業の最後に個人で取り組むプリント

クロストーク活動を終えてからの考えをまとめよう

　　　　　　　　　　　　　　2年　　番　名前　　　　　　　　　

クロストーク活動までの学習を終えて，もう一度2つの三角形が合同だということを説明するためにはどんなことを言えばよいと思うかを書いてください。今現在のあなたの理解で構いません。

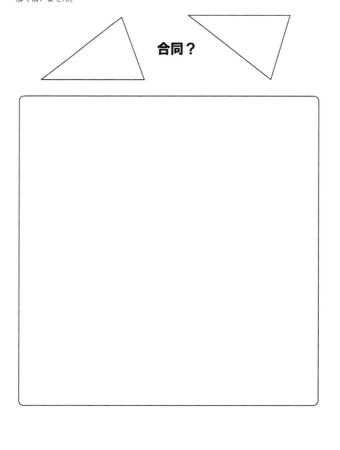

第3章　「知識構成型ジグソー法」の実践例　　107

3 | 実践者の声（安芸太田町立戸河内中学校　今田富士男教諭）

「知識構成型ジグソー法」の授業の手応えは？

　ひとつには，数学が苦手な生徒も得意な生徒もこの手法を取り入れた授業だったら一緒に学習に参加して，1つの学びを深めていくことができることです。また，もうひとつには，生徒たちが学ぶ楽しさを感じることができるということですね。「みんなと一緒に脳に汗をかくくらい考えたから楽しかった」という感想が出るなど，見た目の楽しさでなく，学ぶことの楽しさを感じることができているというのが大きな手応えじゃないかなと思います。

　今回の授業で言えば，1つの合同条件を説明するのに，生徒たちは「あぁでもない」「こうでもない」と言葉を変えながら「自分たちが考え出した合同条件」をまとめることができました。合同を説明していこうとするとき，従来だと，「三角形の合同条件」を正しく言わないといけないという点にこだわってしまいがちでした。今回は，「こことここが等しくて，この間の角がね……」と，生徒が実感を伴って考えていくような授業になったなと思います。そういった学ぶ喜びがあること，そして得意な子，苦手な子関係なく，目の前にある図形で話をしていくことで，学びが深まったのではないかと思います。

授業づくりにあたってのポイントは？

　私が授業を作るときに心がけているのは，3つのエキスパートを単純に組み合わせていけば解が出てくるものではなく，もう一工夫しないと解が出てこないような仕掛けをつくることです。

　また，中学校の数学として，教科の世界に生徒たちを誘うような仕掛けを作っていかないといけないということも意識しています。数学には抽象度が高く，直接身近な生活に結びつくと感じにくい内容も多くあります。ただ，そういった数学的な見方や考え方をしていくことで，自分たちの視野や視点が広がるということが数学のよさだと思うんですね。

そうした数学で考えることのよさを多くの生徒に感じてもらうために授業づくりのポイントとして考えているのは，生徒の実態にあった資料の作り方やクロストークの持ち方です。中には，難しい問題に対して粘り強く考えるのが難しい生徒もいます。そうした生徒も参加できるような工夫が必要です。

プリント作りの工夫としては，意見が分かれるところかもしれませんが，私はエキスパートを習熟度別に設定するようにしています。その上で，読んで知識を得るのがしんどい子にあてたエキスパートだったら，電卓を使って考えさせたり具体物の操作をさせたりするなど数学的な活動を通じて考えるような仕掛けを作るようにしています。苦手な子にもあきらめないで欲しいので，なんとか自分たちでやっていったら，なんとなく「こうなのかなぁ」という考えがつかめるような仕掛けを考えています。

また，クロストークについては，スクール形式で行うのか，黒板の前にみんなが集まってざっくばらんに話す形で行うのか，といった環境によっても，だいぶ生徒の考えの出しやすさが変わると実感しています。ですので，クロストークをできるだけみんなで意見を出し合いながら知識を作り上げていくような学びの場にするための環境づくりを心がけています。

これからこの授業に取り組んでみようと思っている先生方に一言

他の先生が作った教材をやってみられるのはとてもいいことだと思うのですが，それをまるまるそのまま自分のクラスでやってみたらうまくいくかと言うと，そうではないかもしれません。他の先生の教材を「目の前の生徒に合わせてやってみるならどういう風にアレンジし直すかな」というのを意識することが大切だと思います。

また，協調学習イコール「知識構成型ジグソー法」ではないということも意識しておきたいです。一番協調学習を引き起こしやすいのは「知識構成型ジグソー法」だと思うのですが，この手法を取り入れることをきっかけに，生徒の学び方や先生の授業観が変わって，普段の授業から協調学習が起こるようにしていけるとよいのではないかなと思います。

3年 平方根

実践例5

平方根の考え方を図形問題に活用してみよう

1 実践の概要と成果

(1)授業のデザイン

　本節で取り上げる実践は，山口県の防府市立華西中学校竹本教諭によって3年で実践された「平方根」の授業である。

　授業は，平方根の12／14時間目として1コマ（50分）を使って実践された。授業は教科書通りの順序で進め，平方根の計算の仕方を一通り学習した段階で本時を設定した。

　授業のデザインを表11に示す。本節で取り上げた実践で使われた課題は，教科書の章末問題にも類問が採用されていた基本的な問題で，使う知識は平方根と図形の基礎的な知識である。授業デザインのポイントは，そのとき扱っている単元の学習事項を，具体的で身近な問題状況の中で活用してみることをとおして，単元を超えて様々な既習事項と結びつけ，自分なりに理解を深めていく活動を促す課題設定である。複合的な課題を解く過程で，生徒たちは近似値を使って無理数を有理数で表す方法や$\sqrt{}$の中の数をできるだけ簡単にする方法などの平方根に関する知識と，面積の公式や面積と辺の長さの関係などの図形に関する知識を統合することを求められる。

　授業では，はじめに問題を提示し，解くための見通しを立てさせ，使えそうな既習事項を思い出させた。エキスパート活動は，正解を導くために必要な情報を網羅する部品としてというよりは，単元の学習事項を使うための前提となる図形の考え方を思い出す手がかりとして設定されている。例えば，近似値の求め方などは，正答を導くために必要な情報のひとつであるが，エキスパート活動では扱われていない。これは，最近学習した内容であれば生徒が自ら思い出して活用することを期待できるだろうという想定に基づくデ

ザインである。

　ジグソー活動では，情報共有の後，各班で解答をホワイトボードにまとめた。クロストークでは，ホワイトボードを示しながら班の代表者が解答を説明した。最後に，各自が「振り返り」を記入し，授業を終えた。

表11　「平方根」の授業デザイン

課題	直径20cmの丸太から，切り口ができるだけ大きな正方形になるように角材を（今回は正方形に）切り出したときの正方形の1辺の長さを求め，その求め方を説明しよう（丸太から角材を切り出す様子を撮影した写真とともに，文章で課題を提示）。
エキスパートA	丸太をどう切ると，どのような角材ができるかを具体例で図示しながら考え，最も大きい正方形をつくる切り方を確認する。
エキスパートB	1マス1cmの方眼用紙上につくった様々な正方形の1辺の長さを求め，面積と1辺の長さにどのような関係があるかを言葉で説明する。
エキスパートC	1マス1cmの方眼用紙上に様々な向きで正方形をつくったとき，それぞれの正方形の面積をマス目や式を使って求め，1辺×1辺以外で，正方形の面積を求める式を考える。
期待する解答の要素	一見有理数で表せない身近な数量を，平方根やその計算と，平方根の近似値を使って，有理数で（普通に）表すことができる。

(2) 学習成果―授業前後の理解の変化から―

　本時では，授業の最初に「この問題を解くための見通し（方針や考え方など）」を書かせ，最後に「振り返り」を書かせている。この2つの記述内容をもとに学習成果を確認したい。

表12 本時の課題を解くステップ

1	切り口を「できるだけ大きな正方形」とするには，直径を対角線にした正方形を切り出せばよいことに気づく
2	ひし形の公式を使い，対角線から正方形の面積を求める
3	正方形の場合，面積の平方根が１辺の長さであることに気づく
4	平方根の計算と近似値を使って，１辺の長さを求める

　まず，授業の最初に生徒がどの程度の見通しを持てたかを確認する。本時の課題の正答を導く手順は表12のような４つのステップに整理できる。授業を受けた19名の生徒のうち，授業の最初におおまかに全体を見通せた生徒は３名にとどまった。その他の生徒は，ステップの一部に着目できた生徒が６名，図をかこうとして挫折したり，何も記入できなかったりした生徒が10名であった。こうした状況であったにもかかわらず，クロストークでは，実践者の予想を超え，半数以上の班が正方形の１辺の長さを正しく求め，求め方を説明することができた。

　次に，授業前後の生徒の記述３人分を比較してみたものが表13である。実践者は，これらの記述をもとに「期待する方向へ生徒の思考が進んだように思う」と振り返っている。前後の記述の変化は，授業をとおして生徒が平方根を使っていかに図形の数量を表すかについて意欲的に思考したことを示すものとみなすことができるだろう。

　前後の記述を具体的に比較してみると，生徒一人ひとりに様々なポイントで考えの見直しがあったことが分かる。例えば，授業前から平方根の使用に目をつけていた生徒１について見てみよう。この生徒は，平方根の考え方を生かすために，正方形の場合，面積から１辺の長さが求められるという図形の性質を用いる必要があることに気づいた様子である。さらに，$\sqrt{200}$を近似値を使って有理数で表してみるステップでは，$\sqrt{}$の中の数を簡単にする操作についての自身の誤解を見直した様子である。他の生徒の授業後の記述にも，それぞれ考えが前に進んだことを自覚したらしい記述が確認できる。

表13 授業前後における生徒の記述（原文ママ）

生徒	授業前	授業後
1	√を使う	まず，最大の正方形をつくって面積を求めてから一辺の長さを求めるというところまで予想できなかった。 また，$\sqrt{200}$で$\sqrt{2}$の近似値が1.414なら200÷2＝100なので100倍して141.4とすることは間違いなんだろうかと思った。 $\sqrt{○}=○\sqrt{△}$に変形させることを学んだ。
2	正方形＝400 一辺の長さ√	今日は，平方根を使って身近な問題を解決することができた。今までは√を使えなかったので，分からなかった数も√を使うことによって求められるようになった。 数学と身近な生活とが結びついておもしろかった。
3	（記入なし）	エキスパート活動で最も大きい正方形を作る方法について，まだ根拠がなかったので次の時間に考えたいと思いました。 面積が分かると，1辺の長さも出ることが分かりました。初めは全然予想もつかなかったけど，とりあえず答えは出たので良かったです。

(3)実践を振り返って

①授業における生徒の学び

　この授業で生徒がジグソー活動をとおして考えを前に進めていくプロセスは，すでに一度「わかった」「できた」つもりでいた様々な知識を，問題に即して少しずつ言い直してみることによって結びつけ，分かり直していくようなプロセスであった。下記は，ある班が図形の性質に関する知識と，「2乗してaになる数」という平方根の概念を結びつけ，「正方形の場合，面積の平方根が1辺の長さであること」を了解するまでのやりとりである。

生徒X　面積は$\sqrt{200}×\sqrt{200}$で200になる。
生徒Y　1辺の長さを2乗すると面積になる。
生徒X　面積は1辺の長さが2乗されてるから200になったわけやろ。

生徒Y あれ，1辺の長さを2乗するから答えは$\sqrt{200}$でいいんだ。

　教える側にとってはほとんど同じことを繰り返しているだけに聞こえるような発言の繰り返しだと言える。しかし生徒たちはいずれも真剣であり，やりとりが終息するころにやっと納得の表情を浮かべていた。微妙な言い直しを繰り返しながら，はじめて自分なりに納得できる状態に至ったのである。

②考察

　おそらく，いったん教わって「わかった」タイミングでは，知識はバラバラの部品に過ぎないのかもしれない。授業の最初における生徒の記述からは，算数，数学のカリキュラムの体系性にもかかわらず，普段の授業の中で単元を超えて知識を結びつけることは簡単ではないことも読み取れる。それに対して，知識を主体的に見直し，対話をとおしてつなぐ機会を設定することによって，学んだ知識は単元を超えて様々な既習事項と結びつき，生徒の中に落とし込まれていくのではないだろうか。

　アクティブ・ラーニングでは「深い学び」が求められるし，「知識構成型ジグソー法」でも生徒にとって一人では十分な答えが出ない質の高い課題の設定が重要である。しかしもちろん，深い学びを促す質の高い課題とは生徒が知らない，高度な知識を使うような課題とは限らない。本節で取り上げた実践では，今扱っている単元の基礎的な知識と，これまでに学んだ基礎的な知識を統合することではじめて解けるという課題を中心に授業をデザインすることで，そうした深い学びを促せるという可能性が示されている。

2 授業案及び教材

「知識構成型ジグソー法」を用いた協調学習授業　授業案

学校名	防府市立華西中学校	授業者	竹本　賢之
授業日時	平成28年6月16日	教科・科目	数学
学年・年次	3年	児童生徒数	19
実施内容	平方根の利用	本時／時数	12／14

授業のねらい（本時の授業を通じて児童生徒に何を身につけてほしいか，このあとどんな学習につなげるために行うか）

平方根を利用して具体的な数量を表す活動をとおして，根号を含む数を身近に感じるとともに，近似値を用いてその大きさを実感することができる。

メインの課題（授業の柱となる，ジグソー活動で取り組む課題）

直径20cmの丸太から，切り口ができるだけ大きな正方形になるように角材を切り出したときの正方形の1辺の長さを求め，その求め方を説明しよう。

児童生徒の既有知識・学習の予想（対象とする児童生徒が，授業前の段階で上記の課題に対してどの程度の答えを出すことができそうか。また，どの点で困難がありそうか）

正方形の面積から1辺の長さを求めることができそうだと見通しは持てるものの，対角線から正方形の面積を求めることや，正方形の面積が最大になることの説明は難しいと思われる。

期待する解答の要素（本時の最後に児童生徒が上記の課題に答えるときに，話せるようになってほしいストーリー，答えに含まれていてほしい要素。本時の学習内容の理解を評価するための規準）

有理数（普通に）では表せない数量が身のまわりにはたくさんあるが，平方根を使うと表せなかった数量が正確に表せたり，近似値を使うと有理数で（普通に）表せたりすることができる。

各エキスパート＜対象の児童生徒が授業の最後に期待する解答の要素を満たした

解答を出すために，各エキスパートで押さえたいポイント，そのために扱う内容・活動を書いてください>
A　最も大きい正方形をつくる方法 B　正方形の面積から１辺の長さを求めること C　対角線から正方形の面積を求めること
ジグソーで分かったことを踏まえて次に取り組む課題・学習内容
教科書課題「直径５cmの円の中に直径２cmの１円硬貨を重ならないように入れることができるか」について調べ，説明する。

本時の学習と前後のつながり

時間	取り扱う内容・学習活動	到達してほしい目安
これまで	平方根	平方根の意味を理解し，平方根の加減乗除を正しく理解できる。
前時	平方根の計算	平方根の加減と乗除の方法を整理し，正しく計算できる。
本時	「角材の１辺の長さ」	平方根を使って，身近な数量を表すことができる。
次時	教科書課題「直径５cmの円の中に直径２cmの１円硬貨を重ならないように入れることができるか」	平方根の考え方を使って，説明できる。
このあと	２次方程式以降の内容	平方根を有理数と同様に扱い，それぞれの学習内容が理解できるようになる。

上記の一連の学習で目指すゴール
無理数を有理数と同じように扱うことができるようになる。

本時の学習活動のデザイン

時間	学習活動	支援等
5分	導入 ○本時の課題「直径20cmの丸太から，切り口ができるだけ大きな正方形になるように角材を切り出したときの正方形の1辺の長さを求め，その求め方を説明しよう」を確認し，それぞれの予想で解く。	○課題の用紙に使えそうな事項を書き挙げさせる。その際，できるだけ文章表現をするよう指導する。
15分	エキスパート活動 ○資料の課題に取り組み，解き方などを説明できるように準備する。	○自分たちが考えたことを伝えられるように，説明を記入させる。 ○分からない場合は，どの部分が分からないのか整理させ，ジグソー班で相談してよいことを伝える。
15分	ジグソー活動 ○エキスパート資料を説明した後，課題に取り組み，クロストーク用の用紙にまとめる。	○解答だけでなく，答えの出し方を伝えることが重要であることを意識させ，説明内容を考えさせる。
10分	クロストーク ○各班で話し合ったことや話題になったことなどを紹介しながら，答えや説明を発表し合い，自分の考えを深める。	○自分の考えと同じ部分や違う部分を意識することで，よりよい説明をつくるために発表を聞くよう促す。
	まとめ ○課題の解答を考えることで，本時の	○できるだけ習ったことや数学

| 5分 | 学習を振り返る。 | 用語を使って文章で説明するよう伝える。 |

グループの人数や組み方

男女混合による
　ジグソー班は教師が設定し，それぞれでエキスパート班を決めさせる。数学の授業では一定の期間同じ班編成で行う予定。

授業の最初と最後に個人で取り組むプリント

3年　組　番　氏名　_____

今日のめあて

課題

　直径２０cmの丸太から、切り口ができるだけ大きな正方形になるように角材を（今回は正方形に）切り出したときの正方形の１辺の長さを求め、その求め方を説明しよう。

① この問題を解くための見通し（方針や考え方など）をかきなさい。
　※ 実際に求める必要はありません。

② 振り返り

エキスパート活動のプリント(A)

エキスパートA　　　　　　3年　組　番　氏名 _____

最も大きい正方形を作る方法について

角材の一辺になる部分

丸太の切り口（円の中）で正方形をつくるには、どのような作り方をすると、最も大きくなるか、その切り方を説明しよう。

① 写真のような切り方では、どのような角材ができると考えられますか。

② 円の中で最初の切り方を決め正方形をいろいろつくり、最も大きくなる切り方をみつけよう

　　切り方　　　　　　　切り方　　　　　　　切り方

正方形が最大になる切り方の説明

エキスパート活動のプリント(B)

エキスパートB　　　　　　　3年　組　番　氏名

正方形の面積から1辺の長さを求めること。

1マス1cmの方眼用紙上に正方形を作ったとき、それぞれの正方形の1辺の長さを求め、面積と1辺の関係をまとめよう。

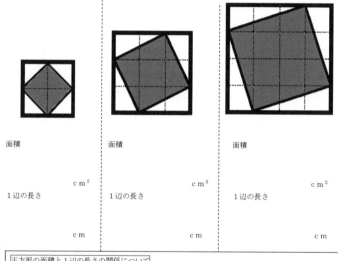

面積　　　　　　　　面積　　　　　　　　面積

　　　　cm²　　　　　　　cm²　　　　　　　cm²

1辺の長さ　　　　　1辺の長さ　　　　　1辺の長さ

　　　　cm　　　　　　　cm　　　　　　　cm

正方形の面積と1辺の長さの関係について

エキスパート活動のプリント(C)

エキスパートC　　　　　　3年　組　番　氏名

正方形の面積の求め方について

1マス1cmの方眼用紙上に正方形を作ったとき、それぞれの正方形の面積をマス目や式を使って求めよう。

正方形の面積を求める式は（　　　）×（　　　）です。
ほかにも面積を求める式があるから考えてみよう。
下の3つの正方形について面積を求めてみよう。

① ② ③

マス目から　　　　　　マス目から　　　　　　マス目から

式から　　　　　　　　式から　　　　　　　　式から

正方形の面積を求める式

ジグソー活動で使うプリント

ジグソー　　　　　　　　　3年　　組　　番　氏名　　　　　　　　　

課題
　直径２０cmの丸太から、切り口ができるだけ大きな正方形になるように角材を（今回は正方形に）切り出したときの正方形の１辺の長さを求め、その求め方を説明しよう。

クロストークの発表用のメモ

組　　　班

クロストーク

課題　直径20cmの丸太から、切り口ができるだけ大きな正方形になるように角材を（今回は正方形に）切り出したときの正方形の1辺の長さを求め、その求め方を説明しよう。

3 | 実践者の声 （防府市立華西中学校　竹本賢之教諭）

「知識構成型ジグソー法」の授業の手応えは？

　「知識構成型ジグソー法」の授業では，苦手な生徒でもなんらかの答えを書こうとしてくれる，友達に聞いた話や自分の考えたことなど途中の考えを表現できるので，今までの授業で何もしていないように見えた生徒でも授業に取り組めているなと感じています。

　これまでのグループ学習は，できる子ができない子に教える授業，教師が生徒に教える一斉授業の小さい版になっているように感じていました。それでいて教師が見に行かないといけないグループの数は増えますから，僕自身はあまりメリットを感じていませんでした。しかもそうしたグループ学習の場合，分かっている子は喋るだけで，聞くとか情報を得るということはしません。ジグソーの場合，できる子も聞かないといけないし，できない子も喋らないといけない。だから，話し合いも活発になるし，それぞれの生徒につけて欲しい力をつけるチャンスが増えると感じています。

　実際，数学を苦手にしている生徒も結構喋ってくれています。こうした生徒の場合，エキスパートで自分で情報を作ってという場面は確かに苦しそうなのですが，ジグソー活動ではそれを自信を持って言えている場面がたくさんあります。聞いてもらえるという安心感もあるのかもしれません。

　また，これまでの授業では，僕自身ただ最終的に問題の答えが出るか出ないかだけしか見ていなかったところがありましたが，この型の授業では，授業前後にそれぞれの考えを文章表現で書いてもらいますから，生徒それぞれにゴールの設定があれば，授業前後で書ける内容が変われば，それはその生徒にとっての学びになるんじゃないかと思えています。そういった点で，自分の指導観のようなものも変わってきたのかなと感じています。

授業づくりや授業の中で気をつけていることは？

　まず，授業中はできるだけ喋らないようにしています。生徒同士のやりと

りの中で発見をしてほしいですし，僕が喋ることで「先生が教えてくれるから困ったふりしてみようか」となってしまうと嫌ですよね。困るなら徹底的に困ってほしいなと思います。ですから，グループへの支援は，活動をしない子，グループから外れてしまう子のケアだけにして，後は生徒を信じて，1時間生徒に任せてという覚悟を決めてやる感じですね。

　課題設定やワークシートについては試行錯誤です。ちょっと難しくしようと思うと，生徒にとってはとてつもなく難しくなってしまったりもします。今回の授業でも，自分としては「このくらい簡単だろう」と思いながら試してみた面もあるのですが，結構生徒にとっては手応えがあったようでしたので，あまりハードルを上げすぎてもいけないなと感じています。専門教科ですから，自分にとっては簡単に見える問題でも，生徒にとってはとてつもなく難しいということもありえるんだなと。生徒の感覚を見抜くというのがすごく難しいですね。また，生徒も変わりますから，1組ではできたのに，2組では，ということも当然ありえますし。なかなか難しいのですが，そこをあわせられるような生徒を見る力を自分が身につけられれば，毎時間でも設定したくなるような魅力的な授業法だと思います。

　そのために，授業を作る際には，できれば他の人，他教科の先生などと一緒に作って，お互いに生徒の目線になって反応を予想してみるようなことができるといいなぁと思っています。

これからこの授業に取り組んでみようと思っている先生方に一言

　私たちも過去に他の先生方が作られた教材をそのまま使って試してみるところからスタートしました。一発目から思い通り成功すると思わないで，まずは型を生徒も先生も覚えていくんだといった気楽さで始めてもいいのではないかなと思っています。そこから，うちの生徒には簡単すぎるな，難しすぎるなというので，少しアレンジしてみるとよいのではないでしょうか。

3年 相似な図形

実践例6

相似や面積比の考え方を使いこなそう

1 実践の概要と成果

(1)授業のデザイン

　本節で取り上げる実践は，広島県の北広島町立大朝中学校井丸教諭によって3年で実践された「相似な図形」の授業である。

　授業は単元末の発展として2コマ（50分×2）を使って実践された1コマの予定のプランであったが，生徒の学習の実態に即し2コマでの実施となった。

　授業のデザインを表14に示す。授業者は，これまで学習してきた相似や面積比の基本的な方略を発展的な課題で活用できること，友達の考えを聞き自分の考えと比べながら理解を深め，論理的に考察できること，分かったこと考えたことを表現することができることを目標に本時をデザインした。

　ポイントは，相似な図形の特徴を利用した問題を解くための基本的な方略を様々な形で確認できる発展的な課題の設定である。生徒は，課題を解決しようとする中で，図形の中に相似な図形を発見し，対応する辺の比に目をつけて長さや面積を同定する活動を繰り返し行うことになる。

　エキスパート活動には，相似の図形の基本形とも言える2種類の図形についてそれぞれ相似比を考え辺の比を求める活動と，面積比について考える活動を準備した。面積比について考える活動には，相似な三角形において面積比は相似比の2乗になること，高さを等しくする三角形では底辺の比が面積比になることという2つの情報を盛り込んだ。

　ジグソー活動では，エキスパートの視点を活用し問題に取り組む。今回の授業ではほとんどのジグソー班が解決には至らず，クロストークを行い，現時点で分かっていることを出し合い1コマ目を終了した。次時に改めてジグ

ソー班で課題に取り組み，クロストーク，その後，各自で類題を解いた。

表14 「相似な図形」の授業デザイン

課題	下の図の平行四辺形 ABCD において，AE：ED＝2：1，CF：FD＝2：3となる点 E，F をとる。また，AF の延長と BC の延長との交点を G，BE と AF の交点を H とする。△AHE の面積を4cm²とするとき△ABH，四角形 EBCD，△FCG の面積を求めなさい。 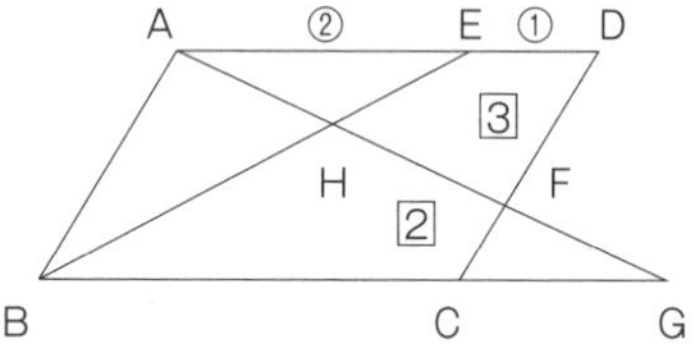
エキスパートA	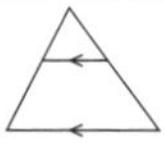 左図の相似な図形から相似比を考え，辺の比を求める。
エキスパートB	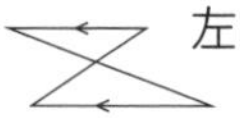 左図の相似な図形から相似比を考え，辺の比を求める。
エキスパートC	相似な三角形において面積比は相似比の2乗になること，高さを等しくする三角形では底辺の比が面積比になることを図から確認する。
期待する解答の要素	△AHE∽△GHB より相似比が2：5だから面積比が4：25 よって△GHB の面積は25cm² △AHE∽△GHB より相似比が2：5だから HE：BH＝2：5より（△AHE の面積）：（△AHB の面積）＝2：5 よって△AHB の面積は10cm² △GAB の面積は35cm² △GFC∽△GAB より相似比が2：5より面積比が4：25 よって（△GFC の面積）：（四角形 FABC の面積）＝4：21だから（△GFC の面積）＝35×4／25＝28／5cm² △FCG∽△FDA より相似比が2：3より面積比が4：9 よって（△FAD の面積）＝63／5cm² （四角形 EHFD の面積）＝63／5－4＝43／5cm² （四角形 HBCF の面積）＝25－28／5＝97／5 よって（四角形 EBCD の面積）＝97／5＋43／5＝28cm²

(2) 学習成果―授業前後の理解の変化から―

　本時では，授業の最初に一人で本時の課題に取り組ませ，授業後には課題と対応する類題を各自で解かせている。そこで，授業前後の解答に基づいて，学習成果を確認してみたい。

　まず，全体としての理解の変化を確認してみると，授業前に自力で課題を解けた生徒はいなかった。対して授業後には，類題①（△ABHの面積の類題）を16名中12名が解くことができ，類題②（四角形EBCD，△FCGの面積の類題）を解けた生徒は10名であった。授業をとおして発展的な課題において相似や面積比の考え方を活用する力が多くの生徒の身についたことがうかがわれる。

　次に表15は，3名の生徒の授業前後の解答を比較してみたものである。

表15　授業前後における生徒の記述（原文ママ）

生徒	授業前	授業後
1	△FAD：△FGC＝3：5より AD：GC＝3：2	（類題①・②とも完答）
2	（無回答）	（図の中に比を示し，面積比を考えて類題①・②を解くことができた）
3	（無回答）	△FAD＝△FGC＝3：5より AD：GC＝3：2　EH：EB＝2：5 2：5＝4：X　　X＝10

※カッコ内は授業者によるその生徒の解答についての説明

　数学の試験の成績で言うと，生徒1が上位，生徒2は平均程度，生徒3は苦手な生徒である。授業前の時点では，生徒1が図形の中に相似な図形を発見し，対応する辺の比に着目できているのみで，生徒2，3は無回答であった。単元末の段階ではあるが，この高度な課題に対して，既習事項を適切に活用して考えを持つのは難しい状態からのスタートだったと言える。

　他方，授業後を見ると，生徒1，2はいずれも相似比，面積比の考え方を適切に活用できている。また，数学が苦手な生徒3は類題①のみの正答にと

どまっているが，相似な図形を探し，対応する辺の比を同定して求めたり辺の長さを求めたりしているところから，相似な図形の特徴を利用した問題を解くための基本的な方略自体は活用できていることがうかがわれる。いずれも，授業をとおして大幅な理解の変化が確認できる。

(3) 実践を振り返って
① 授業における生徒の学び

　この授業を当初予定していた本時1時間で見ると，ジグソー活動，クロストークで授業者が想定していた課題解決に至ることができなかった。他方，授業前後の解答の変化からは，2コマの授業をとおして生徒の理解は深まり，授業者のねらいを達成することができたことが分かる。

　こうした授業の結果は，まず本時の課題が生徒にとってかなり複雑で高度な課題であったことに起因すると言えるだろう。ジグソー活動での生徒の様子を見ていると，どの班も課題の図形から相似比が求められる箇所を手当たり次第に探し出し，仲間同士で考えを出し合って，課題の図形の中だけでなく外まで補助線を引きながら，たくさんの相似を見つけ，その図形同士の相似比や面積比を求めようとしている様子が見られた。

　また，どこの班も自力解決に至らない状態で臨んだクロストークでは，他班の説明に釘づけになりながら，「そこはおかしいんじゃない？」と声を上げたり，手元のプリントで他班の考えを試してみたりする様子が見られた。授業終了後も，5名ほどの生徒が教室に残って問題に取り組み続けていた。

　こうした生徒の様子からは，問題の解決にこそ至らなかったものの，授業者が本時に設定していたこれまで学習してきた相似や面積比の基本的な方略を発展的な課題で活用できること，友達の考えを聞き自分の考えと比べながら理解を深め，論理的に考察できること，分かったこと考えたことを表現することができることといった目標は，基本的に達成されていたと言ってよい。

② 考察

　本時の授業では，「一人では十分な答えが出ない課題」によって，既習事

項を様々な形で活用し，考えを出し合って粘り強く取り組む学びが引き出されていた。また，2時間の学習を通じて，既習事項で生徒がまだ十分活用できていない点が明らかになり，それらについての理解の深まりも確認することができた。「知識構成型ジグソー法」の活用法として，単元末で既習事項を活用して発展的な課題に取り組む授業デザインの効果が見られたと言える。

他方，生徒の学習の様子からは，授業デザイン上の修正点も見えてきた。今回の課題では，求めたい3つの図形の面積のうち，まず「高さを等しくする三角形の面積比」の考え方を使い，△ABHの面積を求める必要がある。しかし，生徒は課題の図形の中で相似の考え方が使えるところを探すことに集中していて，高さを等しくする三角形への着目ができておらず，△ABHの面積を後回しにして他の2つの図形の面積を求めようとする様子が見られた。

こうした実態からどんな授業デザインの修正が考え得るか。ひとつはエキスパートCの設定である。今回の授業では，相似な三角形，高さを等しくする三角形の2つの場合の面積比についての考え方をまとめてCが扱う設定となっていた。どちらも既習事項であるためである。しかし，相似の学習という意識が強い生徒にとっては，このエキスパートで後者への着目が生じにくかったと考えられる。エキスパートを4つに分けて，「高さを等しくする三角形の面積比」を独立で扱っていたら，違う結果になったかもしれない。

同様に，メインの課題で同時に3つの図形の面積を求めさせた問いの設定の仕方についても検討が必要だろう。最初に△ABHの面積を求めるように課題のステップを設けてあげたら，総当たり式に求められそうな相似比を求めるのではなく，「何とかして△ABHの面積を出さないと」と生徒の思考の焦点が絞られ，違った気づきが生じやすくなったと考えられる。

実践を通じて見えてくるこうした授業デザイン上の修正点は，同時に「生徒はどう学ぶか」「どうつまずくか」の経験知として次の授業のデザインでも大いに活用できるものであるだろう。

2 授業案及び教材

「知識構成型ジグソー法」を用いた協調学習授業　授業案

学校名	北広島町立大朝中学校	授業者	井丸　尚
授業日時	平成27年11月20日	教科・科目	数学
学年・年次	3年	児童生徒数	16
実施内容	相似な図形	本時／時数	15／15

授業のねらい（本時の授業を通じて児童生徒に何を身につけてほしいか，このあとどんな学習につなげるために行うか）

　得意な生徒にとって相似な図形を見つけることは簡単で，対応する辺もすぐに見つけることができる。しかし苦手な生徒にとっては対応する辺を見つけることも難しいことである。本時の課題は，平行四辺形の中に相似な三角形を見つけながら相似比から面積比を考えていく問題である。エキスパート資料A，Bでは，相似な三角形を平行四辺形の中に見つけさせ，相似比を考えさせたい。また，エキスパート資料Cでは，頂点を共有する高さが同じ三角形の面積比は底辺の長さの比と等しくなることと，相似な三角形においては，面積比が相似比の2乗になることを学ばせたい。ジグソー活動では，指定された図形の面積比を求めさせるために，相似な三角形を見つけたり，対応する辺の比を考えたり様々な角度から考えさせ解決させていきたい。

メインの課題（授業の柱となる，ジグソー活動で取り組む課題）

　平行四辺形 ABCD において，AE：ED＝2：1，CF：FD＝2：3となる点 E，F をとる。また，AF の延長と BC の延長との交点を G，BE と AF の交点を H とする。△AHE の面積を 4cm^2 とするとき△ABH，四角形 EBCD，△FCG の面積を求めなさい。

児童生徒の既有知識・学習の予想（対象とする児童生徒が，授業前の段階で上記の課題に対してどの程度の答えを出すことができそうか。また，どの点で困難がありそうか）

　エキスパート資料を用いれば，何とか解決できるのではないかと予想した。

期待する解答の要素（本時の最後に児童生徒が上記の課題に答えるときに，話せるようになってほしいストーリー，答えに含まれていてほしい要素。本時の学習内容の理解を評価するための規準）
(1) △AHE∽△GHB より相似比が2：5だから面積比が4：25　よって△GHB の面積は25cm²
(2) △AHE∽△GHB より相似比が2：5だから HE：BH＝2：5より（△AHE の面積）：（△AHB の面積）＝2：5　よって△AHB の面積は10cm²
(3) △GAB の面積は35cm²
(4) △GFC∽△GAB より相似比が2：5より面積比が4：25　よって（△GFC の面積）：（四角形 FABC の面積）＝4：21だから（△GFC の面積）＝35×4／25＝28／5 cm²
(5) △FCG∽△FDA より相似比が2：3より面積比が4：9　よって（△FAD の面積）＝63／5 cm²　（四角形 EHFD の面積）＝63／5－4＝43／5 cm²
(6) （四角形 HBCF の面積）＝25－28／5＝97／5　よって（四角形 EBCD の面積）＝97／5＋43／5＝28cm²

各エキスパート＜対象の児童生徒が授業の最後に期待する解答の要素を満たした解答を出すために，各エキスパートで押さえたいポイント，そのために扱う内容・活動を書いてください＞
A　2つの相似な図形から相似比を考え，辺の比を求める。
B　2つの相似な図形から相似比を考え，辺の比を求める。
C　面積比を考える。

ジグソーで分かったことを踏まえて次に取り組む課題・学習内容
ジグソー活動で分かった内容を確認する。

本時の学習と前後のつながり

時間	取り扱う内容・学習活動	到達してほしい目安
これまで	教科書通りに授業を進める。	小学校では４年で角の大きさの意味や角度の表記法について，５年で直線の平行や垂直の関係，対角線について学習している。また，比については６年で簡単な場合について，比の意味を理解し１：４などの表し方や比の前項と後項に同じ数をかけても割っても比は等しいことを学習している。中学校２年では，対頂角の性質や平行線の性質，三角形の合同条件，さらにそれらをもとにして演繹的な推論によって三角形や平行四辺形の性質を明らかにしていく学習をしている。また，等式の性質に関連して比の値の意味や $a:b=c:d$ ならば $ad=bc$ であることを学習している。
前時	相似な図形における面積比	相似な図形を見つけ，相似比が分かり，面積比を求めることができる。
本時	これまで学習してきたことを使って問題を解けるようにする。	相似な図形を探し，相似比から辺の比を求め面積比を考える。
次時	適応題	本時で学習したことを利用して問題を解けるようにする。

上記の一連の学習で目指すゴール

図形の中に相似な図形を発見し対応する辺の比を使って，様々な角度から面積比を考え問題を解決させていきたい。

本時の学習活動のデザイン

時間	学習活動	支援等
5分	課題を確認する 〈めあて〉相似な三角形を見つけ，面積比を求めよう。	
10分	エキスパート活動 　3つのグループに分かれ，課題に取り組む A　エキスパート資料Aの2つの相似な図形から相似比を考え，辺の比を求める。 B　エキスパート資料Bの2つの相似な図形から相似比を考え，辺の比を求める。 C　エキスパート資料Cの面積比を考える。	○これまでの相似での学習を想起し平行四辺形の中にエキスパート資料ABの図形を見つけ，相似比を利用させることを読み取らせる。 ○相似な図形を意識させる。 ○エキスパート資料Cから頂点を共有する三角形の面積比は底辺の長さの比と等しくなることと，相似な三角形においては，面積比が相似比の2乗になることを考えさせたい。 ○グループごとにジグソー活動での説明ができるよう確認させる。
20分	ジグソー活動 ○エキスパートグループで考えたことをジグソー班で説明し合う。 ○エキスパート資料をもとに課題を解く。 ○模造紙にまとめ，発表の準備をする。	○相似な図形を意識させながら説明させる。また，図を使い説明するとより分かりやすくなることを意識させる。
	クロストーク	○理解度の低いグループから発

10分	グループでの考えを出し合う。	表させる。 ○他のグループとの相違点を意識してお互いの説明を聞かせるようにする。 ○エキスパート活動で考えたことを利用して考えさせる。
5分	本時のまとめ 〈生徒のまとめ例〉 　相似な図形を探し，相似比から辺の比を求め面積比を考える。	

※活動時間については，活動の様子を見ながらその場で時間配分を調整

グループの人数や組み方
出席番号順

授業の最初に個人で取り組むプリント及びジグソー活動のプリント

課題

下の図の平行四辺形ＡＢＣＤにおいて，ＡＥ：ＥＤ＝２：１，ＣＦ：ＦＤ＝２：３となる点Ｅ，Ｆをとる。また，ＡＦの延長とＢＣの延長との交点をＧ，ＢＥとＡＦの交点をＨとする。
△ＡＨＥの面積を４cm²とするとき△ＡＢＨ，四角形ＥＢＣＤ，△ＦＣＧの面積を求めなさい。

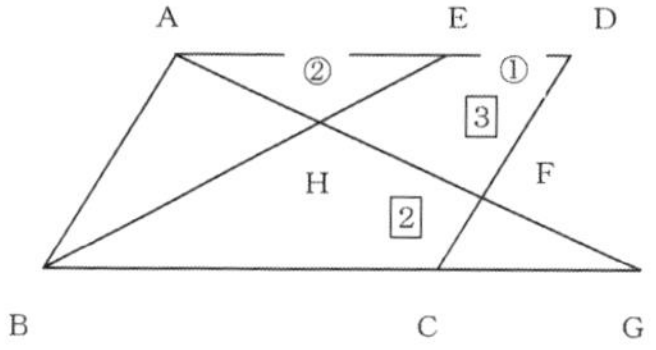

エキスパートA

1 △ABC∽△ADEのとき，AD：AB＝2：5であるとき次の比を求めなさい。

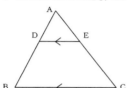

① DE：BC＝

② AE：AC＝

③ AE：EC＝

2 下の図の平行四辺形ABCDにおいて，AE：ED＝2：1，CF：FD＝2：3となる点E，Fをとる。また，AFの延長とBCの延長との交点をG，BEとAFの交点をHとする。次の問いに答えなさい。

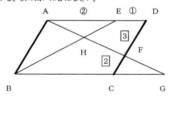

のような相似な図形を探し，対応する辺の相似比を見つけよう。

いろいろな方向を向いているぞ

△GFC∽△GABを用いてFC：ABの比を求め，説明できるようにしておこう。

エキスパート活動のプリント(B)

エキスパートB

1 証明しよう
下の図でPQ∥BCのとき、△ABC∽△APQであることを証明しなさい。

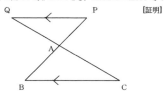

[証明]

2 下の図の平行四辺形ABCDにおいて、AE：ED＝2：1、CF：FD＝2：3となる点E、Fをとる。また、AFの延長とBCの延長との交点をG、BEとAFの交点をHとする。次の問いに答えなさい。

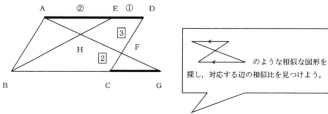

のような相似な図形を探し、対応する辺の相似比を見つけよう。

△FCG∽△FDAを用いてCG：DAの比を求め、説明できるようにしておこう。

エキスパート活動のプリント(C)

エキスパートC

三角形の面積比

① ℓ∥mのとき△ABPと△ABQと△ABRの面積が等しくなるのはなぜ？

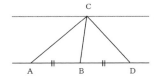

理由

② AB＝BDのとき△ABCと△BDCの面積は等しくなる？

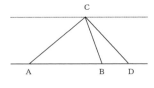

理由

② AB：BD＝3：1のとき△ABCと△BDCの面積比を求めなさい。

理由

まとめ

頂点Cを共有する△ABCと△BDCの面積比は底辺の長さの比（AB：BD）と等しくなる。

相似な三角形における面積比
　下の２つの三角形は相似比が１：３の相似な図形である。面積を求めて面積比を求めなさい。

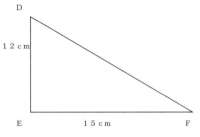

（△ＡＢＣの面積）＝
（△ＤＥＦの面積）＝

（△ＡＢＣの面積）：（△ＤＥＦの面積）＝　　　　：

相似な図形において

　　　面積比は相似比の（　　　）に比例する

3 | 実践者の声（北広島町立大朝中学校　井丸尚教諭）

「知識構成型ジグソー法」の授業の手応えは？

　1点目は，全ての生徒が授業に積極的に参加し，主体的な学びになってきたこと，2点目は，私自身の授業観が変わってきたことです。

　まず1点目について，私は，これまでいろいろな課題解決学習に取り組んできました。私自身の授業を行う上での課題は，全ての生徒に授業のねらいが達成できなかったことです。例えば，直感的に答えが出れば満足している生徒や，そもそも「こんな問題，僕に分かるわけない」といったように問題に向き合えない生徒が出てしまいます。また，授業の練り合いの場においても，問題を解いた生徒だけが活躍して，他の生徒は練り合いや授業に参加できていないという実態がありました。そして，最終的には授業者である私が，まとめの説明をして自己満足で終わってしまうという授業になっていました。

　それに対して「知識構成型ジグソー法」の授業は，みんなが役割を持っているので，自分の役割を果たそうと一生懸命やっていく中で，理解を深めたいとか分かりたいと思いはじめ，課題を主体的に捉えて取り組むようになってきます。また，分からないことを聞いたり自分の考えを話したりすることを繰り返す中で，ほとんどの生徒が主体的に取り組み，授業のねらいを達成することができるようになりました。生徒が主体的に活動できる理由の1つにエキスパート資料が挙げられます。エキスパート資料を考える手がかりや話す材料として，話し合いに参加できることが大きいのだろうと思います。

　2点目の私自身の授業観の変化としては，授業を企画構成する上で生徒を主体に，生徒を基本に据えて教材研究を深く行うようになったことです。

　私の研究授業の中で印象に残っているエピソードとして，指導者の先生に「生徒が一生懸命話しながら考えているけど，よく観察すると実は，それは図の不親切さが原因で主に考えて欲しいところじゃないところで迷っていましたよ」とご指摘いただいたことがありました。そんな経験からも，私は「生徒に考えさせたいところで考えさせるには」，「混乱させてはいけないと

ところで混乱させないためには」を考え，資料（図，文言，数値）から意図を持って授業を企画構成するようになりました。

授業づくりにあたってのポイントは？

　私が考える授業づくりのポイントは，「課題」と「エキスパート資料」だと思っています。私が授業を構成するときには，まずゴールを設定して生徒の実態把握を行い，課題を選び，エキスパート資料を作るようにしています。

　課題設定については，生徒の実態把握が重要です。生徒にとって問題が簡単すぎると解いてしまえば思考がそこで終わり，難しすぎると考える意欲がなくなってしまいます。生徒がなんとかみんなで考えを出し合えば解けそうだ，というところを目指して課題設定を行います。また，私は課題を1から作るのは難しいので数値や表，資料などよく練られた課題解決学習の問題やいろいろな知識を組み合わせて解かなければいけない入試問題を参考に作っています。こうした問題は，単元末で既習事項を活用して解く「知識構成型ジグソー法」の課題に適しているように思います。

　エキスパート資料については，まずゴールを明確にしておかなければいけないことを感じています。生徒にどこを考えさせたらよいのか，どことどこを組み合わせて解かせたらよいのか，ということをしっかり持って資料作りをしています。前述した失敗談にもあるのですが，ゴールをしっかり持っておかないと生徒が思いもよらないところで混乱してしまったりするので，数値や用語，図等しっかり意図を持って作るようにしています。

これからこの授業に取り組んでみようと思っている先生方に一言

　「生徒を信じて，生徒に任せる部分は任せる」ことが大切だと考えています。しかし，私は心配性なので，当初なかなか生徒に任せることができませんでした。だから，できれば一度研究会に参加され授業をご覧になることと周りの方のアドバイスを受けながら一緒に授業を作ることをお勧めします。

第4章
授業づくりのポイント
―Q&A―

Q&A について

　第3章では，6つの異なる授業者，学校，学年，単元の実践例を紹介し，また，それぞれの授業者の先生方の考えられる「知識構成型ジグソー法」の授業づくりのポイントについてもお話いただいた。

　ご覧いただいている先生方にも，「自分でも授業を試してみたい」「つくってみたい」と思っていただけていると幸いである。とは言え，実際に試してみるとなると，「グループの組み方はどうしたら？」「授業中の教師の役割は？」など，その前に気になることも多くあられるのではないかと思う。また，ご自分で教材をつくってみようとされたときに，どこから手をつけたらよいのか迷われることもあるかもしれない。

　本章では，「知識構成型ジグソー法」を用いた授業づくりのポイントについて，先生方からよくいただくご質問にお答えするような形でまとめている。用意したQは，以下の7項目である。Qに対するAは，現時点でのCoREFの考え，及びこの型の授業づくり研究に携わってくださっている先生方のご意見からまとめたものである。

Q1	授業づくり，どこから手をつけるのがよいか？	…p.147
Q2	適した課題やエキスパートの設定の仕方は？	…p.149
Q3	エキスパートの学習内容や活動はどうあるべきか？	…p.152
Q4	授業中における教師の役割は？	…p.156
Q5	グルーピングのポイントは？	…p.160
Q6	教科学力の定着の面での不安はないか？	…p.162
Q7	授業をやってみたあと，どんな視点で振り返ればよいか？	…p.164

Q1 授業づくり，どこから手をつけるのがよいか？

(1)「まずは既存の授業案のアレンジから」と言ったときに

　第3章の先生方のインタビューでも，これから取り組まれる方に対しては，まず，既存の授業案のアレンジから取り組んでみてくださいというお答えが多かったように思う。既存の授業案のアレンジと言ったとき，何がポイントになってくるのだろうか。

　この問いについて考えるにあたって，「知識構成型ジグソー法」のような生徒が自分で考えて答えを出す（学習者中心型の）授業においては，教材の絶対的な良し悪しが必ずしも授業の成否を左右するわけでないことを再確認しておきたい。

　第2章でも確認したとおり，協調学習を引き起こすためには「一人では十分な答えが出ない課題」の設定が重要である。ただし，この「一人では十分な答えが出ない」というのは，あくまで"本時の生徒たちにとって"「一人では十分な答えが出ない」ものである必要がある。

　（数学のプロである）先生方からすると，「これじゃちょっと簡単かな」と思われるような課題でも生徒にとっては十分「一人では十分な答えが出ない」場合もある。逆に，あるクラスで試してみて「一人では十分な答えが出ない」効果的な課題だったものが，別のクラス（進度や生徒実態）では簡単すぎたということもあるだろう。

　そう考えると，過去にどこかのクラス，どこかのタイミングでうまくいった教材が，また別のクラス，別のタイミングでも同じようにうまくいくとは限らない。それが学習者中心型の授業の難しいところであり，醍醐味でもあると言える。

　なので，既存の授業案のアレンジと言ったときには，うちのクラスだったらこの授業案を学習がどこまで進んだタイミングで実施するのがよさそうか，

エキスパート資料やジグソーの課題が難しすぎたり，簡単すぎたりしないか，既習事項で定着があやしい内容があれば補足を入れてあげた方がよいか，などの視点から検討し，適宜修正をして試してみられるとよい。

　もちろん，試してみた結果，「思ったよりできた／できなかった」ということもあるだろう。それが分かるのも大きな収穫である。次の授業デザインの際には，その気づきをもとにまた修正をかけていけるとよい。

(2)新規に授業をつくる場合は

　どこからこの型の授業をつくり始めるか，には様々なアプローチがあり得る。典型的には，課題とゴールの設定から，エキスパートの設定からのいずれかが考えられそうである。

　CoREFでは，特にはじめてこの型の授業をつくられる先生に対しては，課題とゴールの設定から授業をつくられることをお勧めしている。これは，「知識構成型ジグソー法」で引き起こしたい学習はどういうものか，に関係している。「知識構成型ジグソー法」で引き起こしたい学習は，「知識構成型」というだけあって，それぞれの部品を組み合わせることで，よりよい答えをつくり上げていくことができる，という学習である。こうした学習をデザインするためには，まず授業を準備される先生方の方で，「答えがよりよくなる」具体的なイメージ（こういう課題に対して，最初はこの程度の答えだろうものが，こういう答えに深まってほしい）を準備しておく必要がある。これが，課題とゴールの設定である。

　エキスパートについては，このゴールに向けて，本時の生徒に足りない知識・視点，改めて考えてほしい知識・視点は何か，ということから設定が可能であるだろう。ゴールに基づいて必要な部品を考えた結果，それが3つでなく，2つや4つ，あるいはそれ以上になることもあってよいだろう。

　特に数学の場合，まずは本時の生徒にとって「一人では十分な答えが出ない」課題は？　その解決に必要なエキスパートは？　という流れで授業をデザインされていくのが基本的な流れであるだろう。

Q2 適した課題やエキスパートの設定の仕方は？

(1)どこでやるかより，どのくらい掘り下げられるか

「知識構成型ジグソー法」で授業づくりを行う際に，適した内容や単元はどこか，というご質問をしばしばいただく。基本的には，どの内容，単元でも可能だと考えるが，それ以上に大事なのは，その内容についてどの程度掘り下げる授業になっているか，だと言える。

「知識構成型ジグソー法」の授業デザインでは，本時の生徒たちにとって「一人では十分な答えが出ない」課題の設定がポイントである。こうした課題が設定できる内容であるかどうかで判断する，と言い換えてもよい。

ただ，ここで注意したいのは，「一人では十分な答えが出ない」課題は必ずしもすべての生徒が授業前の段階で正解の値を求められない難問奇問である必要はないということである。先生方もよくご存知のように，正解の値が求められる生徒でも，間のプロセスをうまく表現できないということはままある。生徒が直感的に，あるいは塾などで習ったやり方を使って「できている」問題について，「なぜこの解き方でよいのか」自分の言葉で説明できないような課題であれば，それも「一人では十分な答えが出ない」課題であると言える。

そういった意味では，問題が解けるかどうかだけを問題にするのではなく，その解法の妥当性などを表現できたり，複数の解法を比べて考えられたりするような課題設定の仕方を検討できるとよいだろう。

(2)授業デザインの類型

これまでの算数・数学で「知識構成型ジグソー法」の授業づくり研究に携わってくださった先生方の類型化や実践例の蓄積によると，算数・数学の「知識構成型ジグソー法」の授業デザインを考えるときに，「組み合わせ型」

「多思考型」という２つの大きなアプローチから迫る方法がある。

類型	授業デザインの特徴
組み合わせ型	メインの課題を解くのに必要な複数の考えを各エキスパートが担当し，組み合わせて課題の解決を図る
多思考型	メインの課題に対する複数の異なるアプローチを各エキスパートが担当し，比較検討しながら課題解決を行うとともに，各アプローチの共通点や差異に着目し，理解の抽象化を図る

今回ご紹介した実践例は「組み合わせ型」のものが多かったが，他にも「多思考型」の例としては，次のような実践が挙げられる。

問い	３つの給水口ABCからプールに水を入れ始めて，何時間後にプールの水位が150cmになるかを考える
エキスパートA	給水口A（$y=10x$のグラフ）だけで水を入れたとき何時間で150cmになるか
エキスパートB	給水口B（３時間で20cm，６時間だと40cm……の対応表）だけで水を入れたとき何時間で150cmになるか
エキスパートC	給水口C（$y=25/3x$の式）だけで水を入れたとき何時間で150cmになるか
比例と反比例の単元での「多思考型」の実践例 （広島県安芸太田町立戸河内中学校今田富士男教諭（当時）による平成24年度の実践）	

この授業では，全国学力・学習状況調査のＢ問題にあたるような応用問題を課題に，式の考え方，対応表の考え方，グラフの考え方という課題に対する３つの異なるアプローチをエキスパートにして課題解決を行った。

３つのアプローチはすべて既習であり，また，３つを組み合わせなくても答えの出るものである。しかし，「比例定数は１あたり量である」という基

礎的な考え方を生徒たちが「実は使いこなせていない」からこそ、この問題は難問である。それに対して、3つのアプローチを比較検討しながら取り組むことによって、改めて「この数字って1時間に入る水の量だよね？」「だったら足してもいいんじゃない？」「これが比例定数ってこと？」という気づきが生まれ、単元の基本的な学習内容を活用した発展的な課題に「こうだからこうなる」という自分たちなりの納得を持って答えを出すことができた。

(3)単元における活用場面

最後に、「知識構成型ジグソー法」の単元における活用場面を考えてみたい。

活用場面としては、まず、この比例と反比例の授業や第3章で紹介した相似な図形の授業などのように、一連の学習のまとめであり、発展的な課題に取り組む場面に「知識構成型ジグソー法」を設定することで、改めて生徒の「できているつもり」「分かっているつもり」を見直して、より原理的な理解の獲得をねらうという活用の仕方があるだろう。

逆に、新しい学習内容の大まかな見通しを持たせる場面での活用もあり得る。第3章の例で言えば、文字と式や図形の調べ方の授業がこれにあたるだろう。既習事項を組み合わせて新しい学習内容に対して見通しを持ったり、一部新しい学習内容をエキスパートに組み込んで授業をデザインしたりする場合もある。

特にこうした扱いの授業の場合、本時でエキスパートの内容やジグソー班での解答が完全だったかどうかだけに目を向けるのではなく、そこでのつまずきをいかに次の授業につなげるかという視点から生徒の学びを捉えることが重要である。ジグソーの次の時間の授業は、生徒の「視聴率が高い」と表現された先生もいるが、この「視聴率の高さ」は生徒が本時の「分かった」「分からない」の見通しを持って続く講義や演習に臨むことができるためだろう。こうした次の学びにつながる授業として「知識構成型ジグソー法」の授業を捉えていただくと、より活用場面は広がるはずである。

Q3 エキスパートの学習内容や活動はどうあるべきか？

(1) エキスパートの視点はどのくらい「違う」必要があるのか

「知識構成型ジグソー法」の授業づくりの際に，内容が違っていて，かつ同じくらい大事な3つのエキスパートを設定するのが難しい，というお話を伺うこともしばしばある。

こうしたお悩みについて考える際に，まず「知識構成型ジグソー法」で引き起こしたい学習はどんなものか，そのためにエキスパート活動はどんな役割を果たしているか，を整理する必要があるだろう。

「知識構成型ジグソー法」で引き起こしたい学習は，本時の課題について自分の考えと仲間の考えを比較吟味しながら，自分の考えを見直し，よりよい解の表現をつくり上げていく協調学習である。こうした学習が引き起こされやすい条件として，学習に参加する一人ひとりが「私には相手に伝えたい考えがある」「私の考えは相手に歓迎される，聞いてもらえる」「みんなの異なる考えを組み合わせるとよりよい答えができる」という自覚，期待感を持っていることが挙げられる。エキスパート活動は，ジグソー活動での課題解決において，上記のような自覚や期待感を持たせてあげるためのステップである。大事にしたいのは，ジグソー活動での協調的な課題解決であり，エキスパート活動はそのための準備段階であると考えていただければよい。

その意味では，極論すれば，各エキスパートは「生徒から見て違う」ものであれば，この自覚や期待感を持たせるエキスパート活動としての機能を果たし得る，と言える。例えば，授業をデザインされる先生からすれば「結局同じことを言っている3つ」であっても，それが生徒にとって高い課題になり得るものであれば，その3つを比較検討しながら，共通の本質に気づいていくような学習も十分意味があるものになるだろう。Q2で紹介した「多思考型」のバリエーションとして考えてみていただければよい。

(2)エキスパート活動で生徒に期待すること

　エキスパート活動で生徒に期待するのは，上述のように本時の課題に対して，自分なりに「私には相手に伝えたい考えがある」という状態になってもらうことである。この伝えたい考えというのは，必ずしも授業者側の期待するとおりのものである必要はない。「この資料もらったんだけど，よく分からなかった。ここことかどういう意味？」といった考えでも，ジグソー班に持っていければよいだろうと考えている。

　「エキスパート」という言葉を使っているが，これは必ずしも「与えられた内容を完璧にマスターしてこないといけない」というわけではない。

　生徒に対して，「ジグソー班に行ったらこの内容はあなたしか分かっていないんだから，ちゃんと説明できるようにしてね」ということを声かけて印象づけることは，学習意欲を引き出すうえでも効果的なことが多い。

　ただ，このとき授業者の側としては「エキスパート活動で，生徒が与えられた内容を完璧にマスターしてこないといけないわけではない」ということを認識しておきたい。エキスパートで半分かりだったものをジグソー班に持っていくことで，他の視点も取り入れながらエキスパートの内容を理解していく，という生徒の学習の様子はしばしば見られる。むしろ，エキスパートが半分かりであるからこそ，他の仲間も含めて，ああじゃないか，こうじゃないかと考えるきっかけをつくることができ，最終的にはそのことによって皆がより深い理解を得るチャンスが得られることもしばしばあるのである。

　生徒が自分で考えて理解を形成していく授業では，授業者は，こうした生徒の多様な学びの可能性を視野に入れ，自分が事前に想定したプロセス以外の学び方も尊重する必要がある。

(3)「きちんと伝えられるように」する支援は必要か

　逆に，エキスパート活動で避けたいのは，「きちんと伝えられるように」授業者が準備をしすぎて，生徒が考えながら自分の言葉で話すことを妨げるようになってしまうことである。

例えば，表現の拙い生徒が多いクラスの場合，「きちんと伝えられるように」ジグソー班で伝える内容を穴埋めなどで文章にして作成させるような工夫も考えられる。これを行うとどのようなことが起こるか。
　生徒は，つくった文章をただ読み上げることになる。こうした読み上げの言葉は生徒の自然な言葉ではないので，聞いている方の生徒も内容を咀嚼できないことが多く，そのため質問が出たり，自然なやりとりに発展したりすることもあまり見られない。結果，ただまとめてきた文章を写し合って終わり，という活動を助長してしまいがちである。
　逆に，言語表現が苦手な生徒同士でも，考えるべき問いさえはっきりしていれば，問いに即して自分の考えを少しずつ言葉にすることは可能である。適切な補助発問を設けてあげれば，それをきっかけに自分の考えを休み時間と同じように，たどたどしくも自然な言葉で話すことができる。こうした発言は聞き手の生徒にも自然に受け取られるので，伝える側の表現が不十分でも，聞き返しや合いの手，突っ込みなどの自然なやりとりが起こり，自分たちなりの理解を形成していくような相互作用になりやすい。
　むしろ，「きちんと伝える」ための支援をしすぎないこと，生徒が自分の無理のない言葉で表現するためにはどうすればよいか，を考えてあげることが重要になる。

(4)生徒の考えを引き出すプリントや指示の工夫

　では，エキスパートは生徒に自由に考えさせておけばよいか，と言うと必ずしもそうではない。生徒に何を考えてもらいたいか，ジグソー班に行ったときにどんなことを伝えてほしいか，先生の側がしっかり活動をイメージして，それに沿ったプリント作りや指示を明確にしていくことが重要である。
　数学の「知識構成型ジグソー法」の授業に取り組んで日の浅い先生方の授業で拝見しがちな失敗例として，生徒がエキスパート活動からジグソー活動に移った際に，エキスパートのプリントは埋まっているにもかかわらず，「何を伝えていいか分からない」状態になっていることがある。先生が「そ

れぞれのエキスパートで分かったことを伝えてね」といった程度の指示で生徒に任せた結果，生徒はエキスパート活動で取り組んだ問題の答えをひたすら読み上げて伝えている，そんな場面である。

先生としては，エキスパートで学んだ「考え方」を伝えてほしいのだが，先生も生徒も不慣れな状態だと，生徒はとりあえず「答え」を伝えればよいと勘違いしてしまうことがままあるようだ。何をしてほしいかの指示は常に明確にする必要がある。

また，「考え方」を伝えてと言われても，エキスパート活動が「問題を解いて終わり」のような活動になってしまっていたら，数学が苦手な生徒たちにはなかなか「考え方」を伝えることは難しいだろう。エキスパート活動でも「考え方」を自分の言葉で伝えられるような準備をしておいてほしい。

こうした準備をしてもらうためには，プリントの工夫が有効だろう。

第3章で紹介した連立方程式のエキスパート資料を例に説明したい。この資料では，各エキスパートで扱う考え方について，穴埋め形式で問題を解いてもらうとともに，「これまでの連立方程式との違いは何だろう。どんな連立方程式ができるだろう」といった，先生が考えてほしい，言葉にしてほしいポイントを言葉にしてもらうための補助発問が用意されている。

こうした補助発問の工夫があることで，生徒はエキスパート資料の「問題を解いて終わり」ではなく，ここで使ってほしい考え方について自分たちの言葉にしてみるようなエキスパート活動を行いやすくなる。

なお，こうした補助発問の設定（問いの言葉選び）は意外と難しい。先生方ご自身は当たり前と思っている表現を，それが当たり前でない生徒から引き出すのだから，いったんご自分の理解を離れて「分からない人の気持ち」で聞き方を工夫する必要がある。例えば，授業中の生徒のつぶやきで「"数量"って何？」というものがあったが，思いもよらぬところで生徒はつまずく。ご自分でいくつか問いの候補を考えてみて，それぞれに対して生徒の気持ちで実際に解答をつくってみたり，あるいは他教科の先生に答えてみてもらったりしながら，生徒が誤解なく受け取れる聞き方を工夫できるとよい。

Q4 授業中における教師の役割は？

(1)授業中における教師の主な役割は，課題提示，観察

「知識構成型ジグソー法」の授業の場合，主役は一人ひとりの生徒である。授業が始まったら，彼らが自分なりに考えて課題に答えを出すプロセスを邪魔せずに，支えてあげるのが教師に期待される役割だと言える。

だが同時に，この型の授業では，「生徒が自由に考えてくれればいい」ということをねらっているわけではない。「学んでほしい課題」や「そこでどんなことを学ぶか」は，事前の教材準備を通じて，教科内容の専門知識を持った先生方が設定し，方向づけるものである。そのうえで，生徒が教師のねらいをどれだけ超えていってくれるか，そこは生徒に託したいと考える。だから，授業が始まったら，なるべく教師からの働きかけは少なくしたい，その分事前の教材準備で勝負，というのが理想なのである。

ただし，授業中に教師の役割がまったく必要ないわけではない。Q3で述べたように，ねらった学習を引き起こすためには活動のイメージを明確にする教師の適切な指示が欠かせない。例えば，教師が「プリント配るのでグループで話しながら取り組んでください」のようなごくごく簡単な指示のみで複雑な中身のプリントを配布し，生徒が「え？　どこ？　何やるの？　とりあえず答えを書けばいいってこと？」といったリアクションをしているような場面も見受けられる。こうした場合でも，生徒は自分たちの解釈で作業を始めてくれることが多いが，それが実が教師の意図と違う活動になっていることもある。

生徒が教師の課題を（少なくとも彼らなりに）引き受けて，課題に取り組んでくれなければ，ねらった学習は期待できない。だから，生徒たちにねらったように課題を理解してもらうことについては，授業の中での教師の重要な役割と言える。

指示や発問の言葉は事前に十分に練っておくべきだし、それを支える導入も必要に応じて行うこともあるだろう。ただ、それでも生徒が思ったように課題を受け止めていないというケースもあり得る。そこで、生徒が課題をどのように受け止めているのか、自分の出した指示や発問が通っているのかを生徒の様子を観察しながらつかむことも必要になってくる。場合によっては、いったん活動を止めて全体に指示や発問をし直してあげることが必要な場合もあるかもしれない。

(2)個々のグループにはなるべくならかかわらない

　「知識構成型ジグソー法」の授業では、複数のグループが同時並行的に自分たちの学習を進めている。当然、授業者もその場ですべての班でどんな学習が起こっているかをつかむことはできない。

　だから、例えば、「この班心配だな」と思うところに授業者が行っていきなり声かけや指示などをしてしまうと、そのとき生徒が考えていたことがそれによって霧散してしまうということが起こる。研究授業などでひとつのグループを丁寧に参観していると、生徒が何か気づきかけていたことがこうした授業者の介入によってつぶされてしまい、結局そのあとももとの考えに戻ってこなかったという場面がしばしば見受けられる。

　また、授業者が個々のグループに介入してしまうことで、「結局困ったら先生が教えてくれる」という信念を生徒に形成させてしまうことにつながってしまう。そうなると、せっかくジグソーの型を使って、「私には自分で伝えたいことがある」「考えるのは私なんだ」という状況を整えたことが台無しになってしまうだろう。

　グループが煮詰まっている様子でも、しばらくそのグループの様子を観察したあとに、「今何を考えているの？」と聞いてあげる程度のかかわり方にとどめておくことを推奨したい。ここで生徒から「分からないこと」が出てきた場合でも、そのグループで教師が話し込むことは避けたい。特にその「分からないこと」が課題や指示に関することであれば、他の班でも同じ状

態になっていないかを観察するべきだろうし，必要に応じて全体に指示ができた方が有効である。

　逆に，グループで生徒たちが「もう私たちできちゃった」という状態になっている場合は，声かけが次の学習を引き出す助けになることもあり得るだろう。例えば，エキスパート活動で誰か一人が答えを出し，それを他の生徒も写して満足しているような場合，「次の班に行ったらこの内容を知っているのは一人だけだからね。ちゃんと全員が自分で理解して説明できるように今のうちに確認しておいてね」とか「答えは出ているけど，どうしてこの答えでいいか説明できる？」のような簡単な声かけが，停滞していた生徒の学習を活性化する場面もしばしば見受けられる。

(3)クロストークでの教師の振る舞い

　クロストークでの教師の振る舞いについても，一番留意したいのは，「結局先生が答えを教えてくれるんじゃん」という風に生徒に受け取られないことである。そのために，「今日はたくさんの意見が出てきたけど，みんなの学んだことはこれだったね」のように，授業者が本時の最後にまとめをして，それを最終的に生徒たちが全部書き写すような学習はまず避けないといけないだろう。あくまで生徒一人ひとりの分かり方，表現を大事にしたい。

　では，ただ発表させていけばよいかというと，ここでもやはり教師ができることで，生徒が自分の考えを磨くうえでプラスになることはあるだろう。

　例えば，生徒の発言の中でキーワードになるところ，特に他の生徒の発言と比べての微妙な差異などは，聞いている生徒たちが気づきにくいこともままある。こうした部分を授業者が適切に繰り返して強調してあげることなどは効果的だろう。

　また，生徒たちのクロストークから，授業者として「別の聞き方でも表現させてみたい」ということが出てくるかもしれない。例えば，生徒の理解が不十分かもしれないと考えられる場合，いくつかの考え方が出てきて比較検討させたい場合などである。こうしたときには，いわゆるゆさぶりの発問だ

ったり，発展的な課題，ちょっと違う聞き方の発問を行うことで，生徒の考えを引き出したり，生徒同士の考えの違いに着目させたりすることもできるだろう。

　授業者の考えを「正解」「まとめ」として生徒に押しつけるのではなく，生徒の考えを引き出し，特にその差異に着目させながら，より納得のいく表現を個々人が追究する助けにしてあげるのがクロストークで教師に期待される役割だと言える。

　なお，数学のように「答えがひとつに決まる」題材では，単純に答えの正誤を伝えることが常に「正解を生徒に押しつける」ことになるとは限らないことに留意したい。例えば，クロストークでどのジグソー班からも正解が出てこなかったときや答えが割れたときなどに，「これが正解だ」という答えを先生が提示してしまう。そのうえで，「なぜ違った答えになったのか？」「正解の考え方を説明してみよう」のような次の課題にジグソー班で取り組ませることで，個人やグループでの学習がさらに深まることも大いにあり得る。「答え」を提示することが生徒の思考を停止させることになるのか，停滞していた思考を活性化させることになるのか，提示の仕方，次の活動へのつなぎ方によって変わってくると言ってよい。

　クロストークでは，ジグソー活動で答えが出なかった場合の展開の仕方，逆に簡単すぎた場合の展開の仕方など，何パターンか事前に想定しておけると，その場での判断もしやすくなるだろう。

Q5 グルーピングのポイントは？

(1)型の意味からして外したくないポイント

　「知識構成型ジグソー法」の授業におけるグルーピングについては，まず型の意味からして基本的に外したくないポイントが2つある。

　ひとつは，ジグソー班に行ったときに，（可能な限り）1つのエキスパートを担当する生徒は1人にしたいということである。「知識構成型ジグソー法」の肝は，ジグソー班での課題解決において，一人ひとりが「私には伝えたいことがある」「私の考えは歓迎される」という状態を自然とつくってあげる点である。同じエキスパートの生徒が班に2人いれば，こうした状況の意味はだいぶ削がれてしまう。

　一番極端な例で言えば，学力低位の生徒と上位の生徒をセットにして同じエキスパートを担当させ，そのまま2人を同じジグソー班に移してしまえばどうなるだろうか？　もうこの低位の生徒が参加するチャンスや必然性はほとんどなくなってしまうと言えるだろう。

　生徒の数の都合でどうしてもAABCのような同じエキスパートの生徒が重なるジグソー班が発生する場合もある。その場合も，同じ資料でも違うエキスパートの班（例えば，Aの資料の1班と2班）から1人ずつを持ってくるような形で，少しでも生徒たちに「違いがあること」を明示してあげたい。

　違いの明示によって個々の生徒の参加を促すという視点に加え，グループの人数を3〜4名程度にしておくことには，多様な考えを生かすという視点からも意味があることを付け加えたい。グループの人数が多すぎると，生徒が自信のない考えをつぶやくことがしにくくなったり，したとしてもそのつぶやきが他の生徒に拾われにくかったりしてしまう。また，常にどこかでいろんな話題が出ていることになりがちなので，じっくり考えを持つ余裕が生まれにくいのも気になる点である。少人数で顔を向き合わせることで，自信

のない考えをつぶやいてみたり、それに応答したり、ときにはじっくり考えて黙り込むような場面も生まれる。こういった場面は、生徒がレベルの高い課題に対してよりよい答えをつくっていくプロセスでしばしば有効に機能する。

　もうひとつのグルーピングのポイントは、なるべくすべての生徒が対等に参加できるよう、明示的に（あるいは生徒からそうだと気取られるように）リーダーを置かないこと、である。リーダー役の生徒がはっきりしていれば、他の生徒の主体的な参加が難しくなる。この型の授業で問題にしたいのは、「グループの達成」ではなく、「個々の理解と表現の深まり」である。どの生徒も遠慮せずに自分の理解を追究できるような環境を整えたい。

　もちろん、これは「生徒の学力差や人間関係を考慮してはいけない」という意味ではない。個々人が主体的に学ぶために、グループが誰かに頼りきりになるようなかかわりを教師の側が積極的に助長しないようにしたい。

　以上の2点を除けば、グルーピングはクラスの実態や先生方のねらいに応じて臨機応変に組んでいただくのがよいだろう。まずご自分なりの仮説や意図を持ってグルーピングを試してみられて、実際の生徒の学習の様子からその仮説や意図が思い通り機能したか、思わぬ副作用がなかったか検証してみることができると、また次の授業デザインに生かすことができるはずである。

(2)エキスパートを自分で選ばせたいとしたら

　「知識構成型ジグソー法」の授業では、ジグソーでの「一人では十分な答えが出ない課題」の解決が学習の中心であるため、エキスパートの分担は機械的な割り振りによる「仮のエキスパート」で構わない。

　ただ、実践者の先生方の中には、なるべく生徒がエキスパートを選んだ形にしたいということで工夫されている方もいらっしゃる。例えば、授業をジグソー班からスタートして、各班にエキスパート資料をワンセット配布し、生徒同士の短時間（1、2分程度）の話し合いでエキスパートの分担を決め、それぞれがエキスパートに分かれて学びに行くようなスタイルであれば、比較的無理なく行うことができるだろう。

Q6
教科学力の定着の面での不安はないか？

(1) 何をもって学力定着の評価とするか

「ジグソーの授業をやってみたら，テストの点が…」ということについて，量的に集約的な調査は行えていないが，先生方から伺うお話についてはおよそ次の3パターンに分類できそうだと考えている。いずれも，はじめて取り組まれた方から，学期に1度ないし単元に1度程度の頻度でジグソーを取り入れられている方中心のご感想である。

体感的に一番多いのは「（普通の授業をやっているクラスと）点数はあまり変わらないのではないか」というご意見で，これは高等学校の定期試験などについて多く伺うご感想である。

普通の授業をやっているクラスと比べて明らかによい，というご意見も伺う。特にこうした傾向が顕著なのは，全国学力・学習状況調査のB問題のような「その生徒たちにとって難しい記述問題に対する無回答率の低下や記述量の増加」についてである。また，長期記憶の保持という点でも「この授業でやった内容は，半年，1年経っても生徒が覚えている」というご感想をいただくことも多い。

逆に「ジグソーでやると，テストの点数が下がる」というお声を伺うこともある。具体的にお話を伺うと，特に小学校などで日常的に行われている確かめテストの場合が多い。

以上のお話をまとめると，現状のテストを考えると，「知識構成型ジグソー法」の授業を行うことで点が上がるタイプのテストと下がるタイプのテストがあると言える。

端的に言えば，「前の日に先生が教えたことをどのくらいちゃんと覚えているかな？」というタイプのテストについては，教師がまとめず自分で考えて答えをつくらせる授業より，丁寧に答えを教えてあげて，「これを覚えて

おいてね」とした方が点数が取りやすいということがありそうである。ただ，こうしたテストで点数が取れることと，その内容がその生徒にどのくらい定着して，その後活用できるものになっていくか，はまた分けて考える必要があるのではないだろうか。

　逆に，特に「比較的高度な内容を自分の言葉で表現させるようなテスト」については，自分で考えてつくった知識がより生きやすいと言える。入学試験や就職試験などのテストは，こういった性質の強いテストだと言えるし，今後いっそうこうした方向に変わっていくと考えられる。また，日常の問題解決や先の学年で新しい学習課題に出会う場面なども，広い意味ではこうしたタイプのテストと同じ，活用できる知識が問われる場面だと言える。

　生徒に最終的につけたい学力とはどのようなものだろうか。「知識構成型ジグソー法」の活用と同時に，そこで伸びている学力を正確に見とってあげるために，何をもって学力の評価とするか，という評価の内容や方法も再考していく必要があると言えるだろう。

(2)効果的な学力の定着のために

　もうひとつ，効果的な学力の定着を考えるために注目するとよさそうなのは，「知識構成型ジグソー法」の授業の次の時間の使い方だろう。

　生徒が自分で考えて答えをつくる授業では，もちろんモヤモヤ感や分からないところもたくさん出てくる。本時の間にそれを解消する必要は必ずしもないが，生徒がこうしたモヤモヤや「分からない」を持っている状態で臨む次の時間の授業は，生徒が理解を深め，定着させる恰好のチャンスとなる。

　学習科学の世界に"time for telling"という言葉がある。簡単に言えば，生徒が自分なりに考えた結果，分からなさに気づいたり，知りたくなったりしたタイミングでは，先生や友達の話からいっそう学ぶことができる，というものだ。「知識構成型ジグソー法」で高い課題に対して一生懸命考えた次の時間はこうした状態が生まれることが多い。ここをどう生かすかが効果的な学力定着のためのひとつのポイントだと言えそうである。

Q7 授業をやってみたあと，どんな視点で振り返ればよいか？

(1)まずは授業前後の解の変容を捉えたい

「知識構成型ジグソー法」の授業では，授業の最初と最後に本時のメインの課題について生徒個々に考えを書いてもらうステップを設けている。このステップの主眼は，この１時間でそれぞれの考えがどのくらい変容したかを見てとることである。第３章の実践例でもこうした前後の解の比較を取り上げているが，これである程度，この１時間に生徒がどのくらい学んだかを推測することができる。

この１時間の変容は，生徒自身の学びの評価になるだけでなく，この１時間の授業がどのように機能したか，授業デザインの振り返りにもつながる。授業前の解答からは，事前に想定していた生徒の既有知識（既習事項の定着度など）が妥当だったかどうかが見えてくるし，授業後の解答からは，用意した教材のどの部分が生徒に消化されて，どの部分がされなかったかが見えてくる。こうした前後の変容に基づく授業デザインの振り返りは，先生方の生徒理解をいっそう深いものにし，次の授業デザインに生かせる貴重な経験知になるはずである。

なお，「授業の最初と最後に本時のメインの課題について生徒個々に考えを書いてもらう」と言ったとき，必ずしも「まったく同じ問題」について考えてもらう必要はないだろう。ジグソー，クロストークで既に解決したまったく同じ問題を最後にもう一度解かせても，黒板の解法を写すだけということもあるかもしれない。本時の課題というのは具体的にそのひとつの問題を解いてほしいということではなく，そこで使う考え方を自分のものにしてほしいということであるはずだから，本時の課題についての生徒の前後の変容を捉えるという目的に即して考えれば，特に数学の場合，同じ課題というのは同じ考え方を使う類題というくらいまで広く捉えてよいはずである。

(2)授業の中で生徒がどう学んでいるかを捉えたいときに

　前後の解の変容を見れば，用意した授業デザインがどの程度機能したか／しなかったかをつかむことができるが，それがなぜだったのかをより深く掘り下げたいとすると，授業中の生徒の対話に注目したくなる。

　できていない子がどこでつまずいているのか，ということだけでもいろんな可能性がある。先生が当然使えると思っていた既習事項が活用できなかったからなのか，プリントの言葉が難しくて理解できなかったからなのか，指示が曖昧で何をやってよいか分からなかったからなのか。授業中の生徒のつぶやきを聞いていると，いろんな可能性が見えてくる。授業中の生徒のつぶやきは，次の授業デザインに生かせる経験知の宝庫である。

　もちろん，授業中にお一人ですべてのグループの対話を拾うことは不可能だろう。気になるグループに照準を絞って観察するだけでも，ずいぶんいろんなことが見えてくる。グループにICレコーダーを置いておいて，行き返りの車で聞いています，とおっしゃった先生もいらしたが，毎回ではなくてもそんなこともやってみられると，思わぬ発見があるに違いない。

　授業研究会ができるのであれば，参観者の先生方に担当グループを決めて観察をお願いしてもよいかもしれない。その際には，参観者の先生に事前に授業デザインの概要と，特に見てほしいポイント（こんなところでつまずくのではないか，など）を共有しておけると効果的である。事後にそれぞれが気づかれたことを交流できると，教科を超えて，先生方の学びになる研究協議ができるはずである。

　最後に，授業研究会にあたっては，必ず参観者の先生方に「生徒の活動には手出し口出ししないでくださいね」というのも共有しておく必要がある。見ていると教えたくなってしまうのが人情であるが，そこを生徒に考えてもらうのが目指す学びであるし，よしんば介入するとしてもそこは授業者ご自身のご判断であるべきだろう。

おわりに:「教師」という新しい職業

　最近よく「人間の仕事が人工知能(AI)に取って代わられる」という将来予測が出されている。しかし,その中でも「教師」の仕事は「AIにできない」仕事のひとつとして挙げられている。AIやロボットは相手に応じて「分かりやすい説明」を提供することはできても,対人コミュニケーションを行うことが難しいからだ。つまり,子どもと短い言葉でやりとりしながら,その背後にある分かり方やつまずきを推定して,適切なヒントや課題を出したり,子ども同士が自分たちでやりとりしながら,理解を深めていくための活動をデザインしたりすることが至難の業なのである。

　本書は,先生方が「知識構成型ジグソー法」という授業の型を使って,数学という舞台の上で,子ども同士が対話を通じて理解を深める協調学習を引き起こすことに挑戦した記録である。第3章に収められた六篇の事例は,どれもまるで,各先生のそれまでの教え方,ジグソー授業との出会い,気の利いた実践案,その中で懸命に学ぶ子どもの様子を含んだ物語のようである。

　その先生方の多くから,ジグソー授業に取り組む前は,
- できる子とできない子が分かれてしまう
- グループ学習をやったとしても,できる子ができない子に教えるだけで,できない子が自分で考えるチャンスをつくりにくい
- できているように見えても,問題を解けるようになっているだけで,次の授業や子どもたち自身の生活につながっていない

といった課題が挙げられている。それが授業の型と先生の用意した教材と授業中の(「待つ」ことも含めた)支援とでどのように解決されていくかを読み解くのは,本書の醍醐味のひとつだろう。

　さて,認知科学者として上記の課題を見ると,3つの課題が実は同根であることが見えてくる。それは,これまでの教育が多くの場合,子どもが一つ

ひとつの問題を解けるかどうかにフォーカスしすぎており，そこでどのような理解が形作られるかに注意を払っていないという点である。だから，単に仲間より早く問題が解けただけの子どもが自分は「できる」と思い込んで他の子に教える側に回り，「できない」と思い込んだ子は解き方を教わるだけで「どうしてそうなるの？」と聞き返しにくくなる。毎回の授業でこれを繰り返すと，問題ごとの解法をたくさん覚えて適用できるかで勝負が決まるので，学びが断片化する。

　対話は理解を深めるためにある。読者のみなさまには，六篇の事例において，先生がどのような「数学的理解」をねらって授業をデザインし，子どもたちが実際に理解をどう深めているかを丁寧に読み解いてほしい。「問題解決より理解が大事」だからといって，抽象的な数学談義を子どもたちにさせるわけではなく，問題解決を軸として，意味あるスケールの大きな問題に取り組ませながら，その先の理解をねらっていることが見えてくるだろう。そのために，図表との対応や外延を考えさせる課題など，数学教育の専門家や先生方にたくさんの蓄積があるだろう「工夫」が埋め込まれている。こうしたねらいと工夫が組み合わさってはじめて，児童生徒が図表や実物など「外的なリソース」を基に，各自のアイデアを話し合いながら理解を抽象化させていくという数学的コミュニケーション―数学ならではのアクティブ・ラーニング―が可能になる。

　AIに難しいのは，学習者全員の理解を深めるための対話のデザインである。これは今の先生方でも容易なことではないかもしれない。そう考えると，時代が変わろうとも，教師という職は残る―ただし，新しい職として残る，ということなのだろう。そのための次の課題は，先生方が子どもの発話からその理解過程に深く分け入って授業をデザインできるようになることである。

平成29年1月　東京大学　大学発教育支援コンソーシアム推進機構　機構長
　　　　　　　　　　　　　　　　　　　　　　　　　　　白水　始

【編著者紹介】※所属は執筆当時のもの

飯窪　真也（いいくぼ　しんや）　はじめに，第2章，第3章，第4章
東京大学高大接続研究開発センター，大学発教育支援コンソーシアム推進機構　特任助教

齊藤　萌木（さいとう　もえぎ）　第3章
東京大学高大接続研究開発センター，大学発教育支援コンソーシアム推進機構　特任助教

白水　始（しろうず　はじめ）　第1章，おわりに
東京大学高大接続研究開発センター　教授，大学発教育支援コンソーシアム推進機構　機構長，国立教育政策研究所　フェロー

東京大学　大学発教育支援コンソーシアム推進機構（CoREF）とは…
平成22年度から全国の県市町教育委員会等と連携し，「知識構成型ジグソー法」を用いて協調学習を引き起こす授業づくりの実践研究を展開。関連書籍として，高等学校各教科の事例を扱った『協調学習とは―対話を通して理解を深めるアクティブラーニング型授業―』（北大路書房）などがある。

【実践協力者】※所属は実践当時のもの
丸山　智（安芸太田町立戸河内中学校　教諭）
仲松　研（琉球大学教育学部附属中学校　教諭）
宮岡　英明（世羅町立世羅西中学校　教諭）
今田　富士男（安芸太田町立戸河内中学校　教諭）
竹本　賢之（防府市立華西中学校　教諭）
井丸　尚（北広島町立大朝中学校　教諭）

「主体的・対話的で深い学び」を実現する
知識構成型ジグソー法による数学授業

2017年3月初版第1刷刊　Ⓒ編著者	飯　窪　真　也
2018年8月初版第3刷刊	齊　藤　萌　木
	白　水　始

発行者　藤　原　光　政
発行所　明治図書出版株式会社
　　　　http://www.meijitosho.co.jp
　　　　　　　　（企画・校正）赤木恭平
〒114-0023　東京都北区滝野川7-46-1
振替00160-5-151318　電話03(5907)6701
ご注文窓口　電話03(5907)6668

＊検印省略　　　組版所　中　央　美　版

本書の無断コピーは，著作権・出版権にふれます。ご注意ください。

Printed in Japan　　　　　ISBN978-4-18-209410-1
もれなくクーポンがもらえる！読者アンケートはこちらから　→